土地評価に係る
現地調査の重要ポイント

税理士 **吉野 広之進** 著

税務研究会出版局

はしがき

　土地の評価は千差万別。

　「あの土地」と「この土地」は別の土地であり、評価が同じという土地は一つとしてありません。
評価してみたら、結果的に同額になる場合はありますが、すべての土地はそれぞれ違うものなのです。

　相続税法第22条には「相続、遺贈又は贈与により取得した財産の価額は、当該財産の取得の時における時価」と書かれています。

　しかし、個々に千差万別な土地は、実際に売買してみないと「時価」はわかりません。

　また、実際に売買したとして、本当にその土地の「適正な時価」で売れたのでしょうか？

　大切な財産である土地を売りに出さなければならない理由は、個々に異なります。

　よんどころ無い事情があって、捨て値でも売りたい！という事情があるお宅では「適正な時価」ではなく、「必要な資金相当額」で売らざるを得ない場合もあります。

　相続の開始があってから10か月以内に相続税の申告をしなければならないのはご存知の通りです。

　そして、相続税の申告案件の大部分は、土地の評価という作業が伴ってきます。

　この10か月という短い時間の中で、「土地の適正な時価」の算定を行うのは、時間的に難しいどころか、ほとんどのケースにおいて、困難どころか「無理！」と言わざるを得ません。

このため、実務では財産評価基本通達に基づいて、土地の評価額を計算することとなるわけです。

ところが、この財産評価基本通達に基づく土地の評価を手掛けたことのある方はお分かりだと思いますが、「財産評価基本通達の例示等に記載されているような、分かりやすい土地なんか実際にないよ！現場はもっと複雑で、土地ごとに状況が違うんだから！」と愚痴をいいたくなることが頻繁にあります。

また、実際に土地の評価を行う場合には、財産評価基本通達以外にも都市計画法や地域の条例、農地法や関連法規などを理解する必要があります。本当に土地の評価は奥が深いものです。

私の事務所には、一般の納税者からの相談以外に、知人や友達である同業者からの相談が頻繁にあります。

その同業者からの相談や質問は、「評価の計算方法」や「関連法規」などに関するものが大半です。

その相談などにお答えするために、土地の状況などの質問を投げかけると「現地は見ていない」どころか、下手をすると「そもそも現地をみる必要があるの？」と質問の質問に質問で返されることが度々あります。

私の事務所では、資産税担当の職員に「土地の評価は、現地を見ないと始まらない」と言い聞かせていることから、「現地確認は当たり前」というより「必要不可欠な作業」となっています。

もちろん、現地に行く前に、必要資料の入手や机上でできる準備を行うことはいうまでもありません。

また、「現地を見る必要があるのはわかっているが、現地に行っても何をしたらいいのかが分からない」そんなご相談をいただくこともあります。

では、土地の現地確認は何を目的にわざわざ行くのでしょうか？

土地の現地確認は、「その土地を見に行って写真を撮ってくること」ではありません。

　「その土地が内包している問題点や特殊事情などの減額要素を見つけに行くこと」が目的です。

　財産評価基本通達では、土地の評価に当たって、路線価図に書かれている路線価以上に評価（加算評価）するのは、側方路線や裏面路線の加算のみであり、その他はすべて減算要素となります。

　路線価のみで評価するのであれば、現地確認は不要になり、机上での計算で済んでしまいます。

　財産評価基本通達や関連法規などに関する内容は、税法六法や関連書籍に譲るとして・・・

　本書は、「難しい」「取っつきにくい」と言われる土地の評価における実務の入門書として書きました。

　その中でも「現地に行かなきゃわからない」ことや「現地を見てみたら、思っていたのと違った」などの内容を事例形式によって書いてみました。

　とある会計事務所で、所長税理士と職員たちが「現地で遭遇する出来事」に奮闘しながら土地の評価の実務に携わっていくという形式です。眉間に皺をよせずに、気軽に読んでいただけたら幸いです。

平成28年10月

税理士　吉野広之進

目次

1 導入 ……………………………………………… 1
　〜現地確認の前に〜

2 倍率地域の土地 ……………………………… 7
　〜「でん」が「ぱた」で、「ぱた」が「でん」〜

3 農地の評価 …………………………………… 17
　〜かいざいバター？〜

4 貸家建付地 …………………………………… 25
　〜アパートや貸家の敷地〜

5 旗竿地 ………………………………………… 37
　〜6尺って何ｍ？！〜

6 セットバック ………………………………… 43
　〜みなし道路に接する土地〜

7 雑種地の評価 ………………………………… 51
　〜建物の再建築が不可な場合など〜

8 水路などに接した土地 ……………………… 61
　〜側方加算？〜

9 路線価地域と倍率地域の境界 ……………… 67
　〜路線価地域の土地だと思ったら〜

10 縄伸び ……………………………………… 75
～地積が増えちゃった？～

11 縄伸びした土地の評価 …………………… 83
～増えたと思ったら減っちゃった？～

12 祭祀等に使われている土地の評価 ……… 93
～丁寧な紳士？～

13 10%の評価減ができるケース① ………… 101
～道路との高低差～

14 10%の評価減ができるケース② ………… 111
～騒音と振動～

15 10%の評価減ができるケース③ ………… 121
～墓地が見える～

16 10%評価減の複数適用 …………………… 127
～10%＋10%＝20%減？～

17 埋蔵物のある土地 ………………………… 131
～ココ掘れわんわん？～

18 地役権の評価 ……………………………… 137
～鉄塔が・・・～

19 納税猶予 ……………………………………… 145
～農地等の納税猶予～

20 時効取得 ……………………………………… 155
～あの土地はだれのもの？～

21 山林の評価 …………………………………… 161
～山林に囲まれた雑種地～

22 建物の評価 …………………………………… 165
～消えた建物～

23 消えた道路 …………………………………… 171
～道がなくなっている？！？～

24 存在確認できない土地 …………………… 177
～土地がない？？～

25 公衆用私道 …………………………………… 183
～普通の道か私道か～

26 無道路地 ……………………………………… 193
～なんて読むの？囲繞地～

27 市街地山林の評価 ………………………… 201
～市街地とはいえ山なんです・・・～

1 導入
~現地確認の前に~

　ここはとある地域にある会計事務所。
所長の"高橋健太"は、今年で開業20年を迎え、気が付けば50代に突入したばかり。
　この20年で職員も関与先も徐々に増え、現在は総勢10名ほどの職員が在籍する事務所になりました。
　所長自身は開業当初から資産税案件を数多く手掛けてきましたが近年は、法人税・所得税の案件はさることながら、相続税案件の依頼が増えてきたことから、資産税専門の担当者を置くこととしました。

　その担当者に選ばれたのが、入社10年目になる"西田将人君"です。ずっと、法人を中心とした関与先の担当をしてきたので、過去に資産税案件を担当したことがありません。
　しかし、資産税には興味があったことから、独学で相続税法を勉強していました。その努力が認められて、今回、資産税担当として抜擢されたのです。
　お調子者で楽観的。しかし、負けず嫌いの性格から、資産税担当になったことで、今はヤル気満々です。
　相続税案件を何件か担当し始めましたが、現場での経験が少ないのでまだまだ苦労しているようです。

　そんな西田君の補助を行うのが、入社3年目の"佐藤祐子ちゃん"です。年齢は20代前半と西田君より年下で、相続税法の勉強も特にしたことはありませんが、所長の補助として相続税案件を何件も手伝って

きたことから、西田君よりも経験があります。

　そんなある日の高橋会計で、西田君と祐子ちゃんが話しています。どんな話をしているのか聞いてみましょう。

西　田：祐子ちゃん、ちょっと教えてくれない？

祐　子：なんですか？

西　田：所長から相続税の案件を渡されて、土地の登記簿とか公図は入手し終わったんだ。「次は何をしますか？」って所長に聞こうと思っていたら、急に関与先に呼び出されて出かけちゃったんだよ。それで、次何をしたらいいか、祐子ちゃんなら知ってるかと思って。

祐　子：私だって、分からないですよ。
　　　　でも、前に所長のお手伝いしたときには、固定資産税の課税明細書などの資料を見ながら電卓で計算したことがありましたよ。

西　田：電卓で計算？
　　　　固定資産税の課税明細書に書いてある数値を？なんでだろ？

祐　子：よくわからないですけど、たしか「路線価地域の土地も難しいけど、倍率地域の土地は、路線価地域の土地以上に注意が必要なんだ」みたいなことを言われた気がします。

西　田：でっ、何の計算したの？

祐　子：固定資産税の課税明細書などに書かれている「固定資産税評価額」を「課税面積」で割り算して、その答えをその課税明細書の空いたところに書き込みました。

西　田：何のための計算か、よくわからないけど・・・。
　　　　まっ、他にやることもないから、やってみるね。

解説

土地の現地確認に出向く前の事前準備としては、
原則として、

① 固定資産税の課税明細書、評価証明書、名寄帳などの入手
② 登記事項証明書や登記薄謄本、公図の入手
③ 明細地図などによる場所の確認
④ 路線価地域であれば、評価対象地の路線価図の確認
⑤ 倍率地域であれば、評価倍率表の確認

などを行います。

財産評価基本通達では、倍率地域の土地の評価については、固定資産税評価額に一定の倍率を掛けて評価することとなっています。

このため、評価に際しては、単純にこの二つの計算要素の積により評価を行いがちですが、倍率地域の土地にこそ、実は評価に悩む事象が多く発生します。

ところが、「倍率地域は現地確認の必要はない」と仰る専門家が意外に多いのが実情です。

私の事務所では、入手した①の固定資産税の課税明細書の余白に、下記の計算を行い、各々の単価を書き留めています。

> 「固定資産税評価額」÷「課税面積」＝固定資産税評価単価

「相続税の評価は、実勢価格の8掛け程度」「固定資産税は7掛け程度」を目途に算定されているといわれています。

必ずしもこの「7掛け」「8掛け」になるという意味ではありませんが、上記の計算を行うことにより「7掛け程度となっている固定資産税の評価単価がいくらくらいなのか？」という概算的な数値が見えてきます。

路線価地域であれ、倍率地域であれ、この単価の額を一つの目安とし

て現地確認に向かうと、その土地の評価に関する意外なことが分かる場合が少なくありません。

さて、私の事務所に同業者から持ち込まれる相談案件の中に「倍率地域の評価は終わっていますので・・・」という案件が多数あります。

そのような案件でも、改めてすべての土地の計算のチェックを行うのですが、この倍率地域の土地の評価が間違っている事例が多数あります。

例えば、

・固定資産税評価額ではなく、固定資産税課税標準額に倍率を掛けてしまった。

・固定資産税評価額ではなく、固定資産税額に倍率を掛けてしまった。

・課税地目が畑なのに宅地の倍率を掛けてしまった。

など、単純な計算間違いや、参照すべき欄を見間違えてしまった事例もあります。見間違いではなく、それが正しい計算方法だと思い込んでいる方も少なくありません。

これらは、評価額に多大な影響を及ぼしますので、ご注意ください。

参考に著者作成の「土地評価のチェックシート」を掲載します。このような形でチェックを行っていくことが必要となります。

【土地評価のチェックシート】

【土地の状況など】　　　　　　　　　　　　路・比・倍（単純・他）（　　　）

準備書類	固定資産税評価明細	済・無・省略	担当印	確認印	地図(MAP)	済・無・省略	担当印	確認印
	登記事項	済・無・省略	担当印	確認印	地図(Googleほか)	済・無・省略	担当印	確認印
	公図	済・無・省略	担当印	確認印	測量図（原本）	済・無・省略	担当印	確認印
	賃貸借契約	済・無・省略	担当印	確認印	測量図（法務局他）	済・無・省略	担当印	確認印

建物	有・無	自用(自宅・空家・　　　)・貸付(　　　)	担当印	確認印	最終確認
	火災保険	加入無・加入有(掛捨・解約返戻金の証明)・未確認	担当印	確認印	
	登記	有・未登記(問題点への記載・保存登記の必要性)	担当印	確認印	
	敷金	無・有(債務計上・償却の確認)	担当印	確認印	

調査	現地調査	済・不要・省略	担当印	確認印	農業振興地域の農用区域	該当・非該当	担当印	確認印	最終確認
	間口×奥行と登記面積の整合性	縄延等の懸念・要現況測量・他					担当印	確認印	
	宅地要件	要件有・46証明・建築制限・					担当印	確認印	
	セットバック	不要・要	担当印	確認印			担当印	確認印	

評価減	無・有	・高低差…無・あるがが通常程度・あり ・忌地・騒音・高圧線 ・ほか(　　　　　　　　)	担当印	確認印	最終確認

広大地	三大都市圏の確認（適用面積 500㎡・1,000㎡・3,000㎡ ※山北等注意）					担当印	確認印
	大規模工場用地	非該当・該当	マンション適地	非該当・該当			
	標準的な宅地比較	標準以下・著しく大	開発道路	不要・必要			
	鑑定依頼	要・否	鑑定結果【A・B・C・D・E】		最終確認		

【指示事項ほか】

※現地調査でのデータ、その他事項については裏面にMEMO

20160826版

財産評価基本通達(抜粋)
21 (倍率方式)

　倍率方式とは、固定資産税評価額(地方税法第381条≪固定資産課税台帳の登録事項≫の規定により土地課税台帳若しくは土地補充課税台帳(同条第8項の規定により土地補充課税台帳とみなされるものを含む。)に登録された基準年度の価格又は比準価格をいう。以下この章において同じ。)に国税局長が一定の地域ごとにその地域の実情に即するように定める倍率を乗じて計算した金額によって評価する方式をいう。

21-2 (倍率方式による評価)

　倍率方式により評価する宅地の価額は、その宅地の固定資産税評価額に地価事情の類似する地域ごとに、その地域にある宅地の売買実例価額、公示価格、不動産鑑定士等による鑑定評価額、精通者意見価格等を基として国税局長の定める倍率を乗じて計算した金額によって評価する。

2 倍率地域の土地
～「でん」が「ぱた」で、「ぱた」が「でん」～

西　田：よーし、できたぁ！
　　　　今日の評価の仕事はチョチョイのチョイでおわり～。
祐　子：西田さん、ずいぶんご機嫌ですね。
　　　　何かいいことあったんですか？
西　田：昨日、所長に渡された案件の土地の評価だけど、あっという間に終わらせちゃった。もう、楽勝～！
祐　子：じゃ、所長が帰ってくる前に、私にも見せてくださいよ。
西　田：いいよ。見て、見て。
祐　子：あれ？これって、昨日渡されたばかりの案件ですよね？
　　　　・・・もう現地に行ったんですか？
西　田：いや、行ってないよ。
　　　　だって、倍率地域の土地だもの！
　　　　祐子ちゃんは知らないかもしれないけど、倍率地域の土地はね、「市区町村の出した固定資産税評価額」に「国税局長が定める倍率」を掛け算して評価するんだよ。
　　　　計算要素がこの二つしかないんだし、その二つともお役所が出した数値だから、確認なんて必要ないんだよ。
祐　子：以前、倍率地域の土地の評価で、所長のお手伝いしたことがあるから計算方法は知っていますよ。
　　　　現地だって、路線価地域はもちろん、倍率地域の土地も、所長の同行で何度も行った事ありますから！
　　　　あ、そうだ。

事務所の物置に長靴がありますよ。
前に、梅雨時に現地確認した土地が「でんぱた」で、現地はぬかるんでいるだろうからって事務所で買ったんですよ。よかったら、今度使ってくださいね。

西　田：んっ？「でんぱた」？
「でんぱた」って何？

祐　子：田んぼや畑のことを一般的には「たはた」と読みますが、農家や農村地域などでは「でんぱた」ということもあるようですよ。

西　田：そうなんだぁ。「でんぱた」ねぇ～。
あっ、それと・・・、所長は倍率地域の土地の評価するのに、現地確認に行ったの？

祐　子：私の知っている限り、所長は評価をする土地は全部、現地確認に行ってるはずですよ！

西　田：えっ、全部の土地？？

≪二人が話してるところへ、所長が外出先から戻ってきた≫

西　田：所長。土地の評価の計算ができたので、決裁をお願いします。

所　長：昨日頼んだ案件かい？倍率地域の農地だったね？
もう現地確認したのかい？

西　田：やっぱり・・・。
倍率地域の土地でも、現地行かなきゃだめですか？

所　長：原則として、現地を見ないと評価はできないよ。
今後の勉強のために、私と一緒に現地確認に行ってみようか。
祐子ちゃん、クライアントに電話して、「お宅の「でんぱた」見て回りたいのだけど、いいですか？」って了解もらってく

　　　　　れる？
　　　　　それと、もし時間が取れるようなら、現地に一緒に行ってくれないか聞いてみて。
祐　子：わかりました。連絡してみます。
所　長：西田君は、長靴やデジカメなどを準備しておいて。

≪後日、現地にて≫

祐　子：相続人の方は、少し遅れるから、先に始めてくださいって仰っていました。
所　長：そうか。じゃ、順番に回ってみようか。
　　　　　まず一箇所目の土地は、西田君の作った資料だと「田んぼ」だね。
西　田：はい。
　　　　　このあたりが相続財産の「田んぼ」です・・・って、田植えの終った時期なのに苗が植わってないなぁ～。
所　長：何か水稲以外の作物が栽培されているようだね。

≪そこへ、被相続人の配偶者の、年配の女性が登場≫

所　長：こんにちは、奥さん。ご足労お掛けしました。
　　　　　ところで、この土地は、以前「田んぼ」だったようですね？
配偶者：そうだねぇ。
　　　　　かれこれ、もう10年くらい前かなぁ、亡くなった主人が
　　　　　「ここは田んぼをやめて畑にする」って言いだしてねぇ。
　　　　　どっかから、土を手配してきてね、「田んぼ」を「畑」に替えちゃったんですよ。
　　　　　それからはね、露地もののキャベツや大根なんかを栽培してきましたね。

西　田：そ、そうなんですかぁ～？
　　　　ところで、ここは離れた場所にも、「田んぼ」をお持ちですよね。

配偶者：昔は「田んぼ」だったんですけどね。
　　　　我が家には、もう「田んぼ」はないんですよ。
　　　　今は全部「畑」です。

所　長：奥さん、ありがとうございました。
　　　　我々は、もう少し土地を見て回ります。

西　田：所長。これってどういう事なんですか？

所　長：相続税の評価は、相続開始日における土地の現況で計算するのは知ってるね。
　　　　今の話だと、相続開始日の現況は、「は・た・け」が正しいようだ。
　　　　各市区町村が、すべての土地を随時見て回っているわけではないし、時期によっては「田んぼ」と「畑」の区別はつきにくい。休耕地となっている場合もあるので、判断が難しいケースもあるんだ。
　　　　そのため、現況と固定資産税上の課税地目が相違しているケースは少なくないんだよ。

西　田：なるほど。「でん」が「ぱた」に、「ぱた」が「でん」に変わっている場合も有るということですね。

所　長：よし、相続税の申告書に添付することになるから、土地の写真を撮っていこう。

西　田：わかりました。

所　長：それと、帰りに市役所に寄って、ここの地番を伝えて、この地域の「畑」の固定資産税評価額を聞いて行こう。
　　　　「畑」と「田んぼ」では固定資産税評価額も違っているからね。

「畑」としての固定資産税評価額がわかったら、掛け算する倍率も「田」ではなく「畑」の倍率となるから注意するんだよ。

写真右側は以前より「田」として水稲を耕作。
写真左側は、以前は「田」であったが、土を盛り「畑」に変更している。

解説

「登記上の地目」と「現況地目」が一致していないケースというのは、よく目にしますので、一般的にも知られていると思われます。

しかし、「固定資産税の課税地目」と「現況地目」とが必ずしも一致しているとは限らない、ということは意外に知られていません。

今回の事例のように「田」が「畑」に、またはその逆で「畑」が「田」になっているケースは頻繁に現れます。

それ以外にも、現地を見に行ってみると「田や畑」が「駐車場や資材置場」などの「雑種地」状になっているケースもあります。

「闇転用」なんて物騒な言葉がありますが、農業委員会の許可や届出が必要な変更でも、その手続を省略してしまっていることも少なくありません。

このような利用状況の変更があり、その変更などを市区町村などが確認した場合は、後添のように評価証明書などに「登記地目：田、課税地目：畑」と記載され課税方法を現況に合わせています。

しかし、市区町村がすべての土地に関する情報を入手し、固定資産税の課税に反映できているとは限りません。

また、課税地目の変更がなされている場合であっても、市区町村によっては、固定資産税の課税明細書のみでは、課税地目などが読み取れない(読み取りづらい)書式になっていることもあります。

さて、相続税の評価は、原則として相続開始日における現況により評価することとなります。

現地確認は、単純に「現地を訪れる」「現地を見る」ということではありません。「相続開始日における土地の現況はどのような状態であったのか」を確認し、「その現況を評価に反映させる」ために行うものです。

現地確認の際は、「相続人の了解をもらってから現地に行く」のは当然として、原則的には「相続人に同行してもらう」ことも必要となります。

そして、現地確認とともに相続人やその土地の状況に詳しい方にも、その土地の取得方法やその後の利用状況や過去の経緯を確認した上で、その内容を評価に反映させる作業が大切です。

なお、参考事例として、市区町村の名寄帳、登記簿、また添付書面の記載について以下に掲げます。

2 倍率地域の土地   13

[名寄帳]

平成25年度　名　寄　帳

住所	（〒　　　）〇市〇〇　〇〇番地
所有者氏名	（〒　　　）〇〇〇〇
納税管理人等氏名	

土地家屋	所在地番	登記課税地目家屋番号	用途	特例減免	樹木番号建築年番枝番割増	構造	登記地積(㎡)課税地積(㎡)登記床面積(㎡)課税床面積(㎡)	価格(円)	(都)前年度課税標準額(円)	(都)前年度課税標準額(円)	(都)当該課税標準額(円)	(都)当該課税標準額(円)	マンション時分	(都)税相当額(円)	(都)税相当額(円)
土地	〇〇 152番2 @103	田					92.00 92.00	9,476	9,476		9,476			132	
土地	〇〇 152番4 @103	田					522.00 522.00	53,766	53,766		53,766			752	0
土地	〇〇 211番2 @103	田					1,471.00 1,471.00	151,513	151,513		151,513			2,121	0
土地	〇〇 238番 @76	畑、田			田 @109×489=53,301		489.00 489.00	37,164	37,164		37,164			520	0
土地	〇〇 249番 @81	畑					1,147.00 1,147.00	92,907	92,907		92,907			1,300	0

【図1　登記簿と現況地目が一致(田)、課税地目(畑)が異なる場合】

表　題　部　（土地の表示）		調整	平成16年8月26日	不動産番号	XXXXXXXXXX
地図番号	余白		筆界特定	余白	
所　在	○市○○字○○				余白
①　地　番	②地目	③　地　積　㎡			原因及びその日付〔登記の日付〕
238番	田	489：			余白
余白	余白	余白　：　：　：			昭和○○年法務省令第37号附則第2条第2項の規定により移記 平成16年8月26日

【図2　課税と現況地目が一致(畑)、課税地目(田)が異なる場合】

表　題　部　（土地の表示）		調整	平成16年8月26日	不動産番号	XXXXXXXXXX
地図番号	余白		筆界特定	余白	
所　在	○市○○字○○				余白
①　地　番	②地目	③　地　積　㎡			原因及びその日付〔登記の日付〕
249番	田	1147：			余白
余白	余白	余白　：　：　：			昭和○○年法務省令第37号附則第2条第2項の規定により移記 平成16年8月26日

税理士法第33条の2の添付書面の記載例

1　登記簿と現況地目が一致、課税地目が現況地目と異なる場合

・○市○○字○○○238番【田】

　倍率地域の田。自用地評価。

　課税地目は「畑」であるが、登記簿及び現況地目は「田」である。田としての固定資産税評価額（＠76円/㎡×地積。Ⅰ市資産税課にて確認）を算定し、当該地域の田の倍率を乗じて評価した。

2　課税地目と現況が一致、登記簿と現況が異なる場合

・○市○○字○○249番【桑畑】

　倍率地域の畑。自用地評価。

　登記簿地目は「田」であるが、課税及び現況地目は「畑」である。

3　倉庫を設置したことから土地の一部の畑が宅地になった場合

・○市○○○113番1【宅地】

＜土地＞

　倍率地域の宅地。自用地評価。

　登記簿地目は「田」、課税地目は「宅地」、現況地目は一部が「畑」、一部が「宅地」である。

　平成○○年度の固定資産税の課税明細書において当該地の課税地目は「畑」であったが、同年に農業用倉庫を設置したことから、課税地目が「宅地」となった（○○市役所資産税課に確認）。

　変更後の固定資産税評価額は、現況を考慮した価額となっていることから、当該評価額に宅地の倍率を乗じて評価した。

3 農地の評価
～かいざいバター？～

西　田：えぇ～～～！こんな評価額～？？？

≪自分のデスクで土地の評価計算をしていた西田が突然大きな声で叫んだ≫

祐　子：西田さん、どうしたんですか？
　　　　急に大きな声を出して、びっくりするじゃないですか。

西　田：倍率地域の「畑」の評価計算をしていたんだけどさ。
　　　　計算したら、とんでもない金額になっちゃって！

祐　子：固定資産税評価額に倍率を掛け算してみたってことですか？

西　田：そうなんだよ。
　　　　でも、ものすごく高い金額になっちゃって。

祐　子：「固定資産税評価額」を「面積」で割ってみました？
　　　　畑の1㎡当たりの固定資産税の評価単価は、いくらですか？

西　田：えっと、固定資産税評価額と課税地積は市役所から来た通知に、それぞれ書いてあるから・・・。
　　　　コレをコレで割ると、1㎡当たりの単価が・・・
　　　　約4万円かなぁ～～～！？

祐　子：え～～？！「畑」の単価にしてはずいぶん高いですね！現地は見ていますよね？

西　田：うん。先週見てきたよ。
　　　　どう見ても普通の「畑」だったよ。

祐　子：おかしいですね。

西　田　：そうとしか思えないよ。
　　　　　　よし、今から市役所行って、文句言ってくる！

祐　子　：文句なんて言わなくていいですから、しっかり事情を聴いてきてくださいね。

≪市役所へ行った西田君が、帰ってきた≫

祐　子　：西田さん、お帰りなさい。
　　　　　　どうでした？

西　田　：えっと～。
　　　　　　なんだかよくわからないけど、固定資産税の評価は間違っていないって。

祐　子　：だって、その土地の現況は、「畑」なんですよね？

西　田　：どう見たって「畑」だし、相続人がいうには、昔からず～っと「畑」のままらしいよ。

祐　子　：じゃあ～なんでですか？
　　　　　　市役所で何か理由を言ってなかったですか？

西　田　：それがさぁ～。
　　　　　　その土地は「かいざいバター」だから・・・
　　　　　　なんとか、かんとかで、どうのこうの、っていうから「ここの土地は「畑」です。牛乳やバターは作ってません！」って言い返しちゃって！

祐　子　：えぇ～？！？
　　　　　　ところで、その「かいざいバター」って何ですか？って聞かなかったんですか？

西　田　：最初に固定資産税が間違ってる！みたいな勢いで市役所行っちゃったし。後戻り不可能な状態で・・・

（冒頭）
　　　　　　市役所の固定資産税が間違っているとかではないですか？

≪所長が通りかかり、話しに加わった≫

所　長：それは、「介在農地（かいざいのうち）」のことじゃない？
　　　　市役所の人は、「介在畑（かいざいばた）」って言ったのではないかな。
　　　　「介在農地」には、一般的に「介在畑（かいざいばた）」や「介在田（かいざいでん）」などがあるんだよ。

祐　子：あっ、先日所長に教わった「でんぱた」の前に「かいざい」が付いてるって感じですね。

所　長：そうだね。「介在（かいざい）」の「田畑（でんぱた）」だね。

西　田：なるほど〜。
　　　　でも、その「介在」ってなんですか？

所　長：「宅地等介在農地」といった方がいいのかな？
　　　　過去に農地法の4条や5条による転用許可を受けたが、実際には農地転用しておらず、見た目は農地のままの状態にある土地の事をいうんだよ。

西　田：被相続人か誰かが、その農地を宅地や駐車場などに変更しようとして、転用許可の手続をしたのに、途中で面倒になっちゃって、そのまま「畑」で使っている、ってことですか？

所　長：「農地ではなくす」「農地以外の利用目的とする」という届出を行っているわけだから、農地法の規制がなくなる事になるね。
　　　　利用状況を農地以外の宅地や雑種地にすることができるようになっているはずだよ。
　　　　ただし、農地ではないので、宅地並みの固定資産税評価となり、毎年の固定資産税も、当然、宅地並みとなってくる。

西　田：それでは、宅地並みの税金が掛かっている土地で、畑をやっていたってことですか？

所　長：そうだね。この土地が「介在畑」で、農地転用が済んでいる

土地ということであれば、宅地や雑種地と同じように評価してから造成費などを控除することになるのだろうね。

解説

農地を農地以外の目的に使用する場合、農地法の規定による届け出が必要となります。

「4条転用」「5条転用」などの言葉を耳にしたことがあるかもしれません。

詳細は後添の農地法をご覧いただくとして、この4条転用と5条転用の概略の相違点は、

・4条転用…所有者が自ら、農地を農地以外のものにする場合
・5条転用…所有者以外の者が、農地を農地以外のものにする場合

となります。

今回の事例は、過去に4条転用がされていたものと思われます。

西田君は当初、農地転用され介在畑となっていることに気付かずに、計算例Bのような、間違った相続税評価をしてしまったようです。

(計算例)
市街化調整区域内の400㎡の土地(畑)で、その地域の相続税の評価倍率が60倍であった場合で
　A　その土地が、畑(農地)の状態であった場合
　◎固定資産税評価額　…4万円
　　(=4万円÷400㎡=@100円／㎡)
　◎相続税評価額…固定資産税評価額×相続税の評価倍率
　　=4万円×60倍
　　=240万円(=@600円／㎡)

> B　その土地が、農地転用（介在畑）であることに気づかずに計算してしまった場合
> ◎固定資産税評価額…500万円
> 　（＝500万円÷400㎡＝＠12,500円／㎡）
> ◎誤った相続税評価
> 　500万円×60倍＝3億円（＝＠75万円／㎡）

　各市区町村、またはその地域やその土地ごとの状況によって異なりますが、通常、畑や田などの農地の固定資産税評価額の単価は、数十円とか百数十円程度となることが多いようです。

　その農地を転用すると、その固定資産税の評価単価は、数千円から数万円に上がることとなり、場合によっては50倍、100倍などに跳ね上がってしまうこととなります。

　「依頼者である相続人に『うちの畑がこんなに高いわけない！』って言われたんだけど、何が間違っているかな？」などの、まさに今回同様の相談が過去に何件もありました。

　計算例のみをご覧になれば「こんなに評価額が違うなら、誰だって気付くだろう」と思われるかもしれませんが、このような事例は、案外多いのが実情です。

　では、どうしたらそんなミステークを防げたのでしょうか？

　事例1「導入」の解説で現地確認の前段階として、「固定資産税評価額」を「固定資産税の課税地積」で割り算し、「固定資産税の評価単価」を算出しておくという話をいたしました。

　現地確認の前にこの計算を行っていれば、「固定資産税の㎡単価が12,500円？畑なのにずいぶん高いな？」とか「同一人が持っている同じ地域の畑とは単価がずいぶん違うな」「何かありそうなので現地確認

の際には注意してみよう」と感じることができたはずです。

　その上で、その土地が「畑」であるのか、または「雑種地」となっているのかなどの現況確認を行い、併せて、相続人などの関係者に、その土地の過去の経緯や歴史などを質問し、かつ、市区町村などへの照会をすることにより正しい評価計算を行えることになります。

　下記のように評価証明書において介在畑が表示されていることもあります。

　ただし、市区町村によっては、表記のないケースもありますので、単価計算が重要になります。

【固定資産税　評価証明書（○市の場合）】

納付	金融機関名				口座種別		口座番号		納組コード		
	支店名				口座名義人				納組名称		
土地	土地の所在地			住宅戸数	登記地目	登記地積(㎡)	小規模住宅地積(㎡)	価格	固定資産税課税標準額		
	市街化区分 宅地番号	物件番号			現況地目	課税地積(㎡)	一般住宅地積(㎡)	（円）	都市計画税課税標準額		
	41-1		@90,000	1	山林	496:00	200:00		8,075:317		
	市街化区分	5674	20790	0.963/0.953/0.000/0.000/0.000		住宅用地	496:00	296:00	31,744,000	16,304:555	
	43-1		@90,000	0	畑	525:00	0:00		23,129:347		
	市街化区分	5678	20796	0.000/0.000/0.000/0.723/0.000		宅地介在畑	525:00	0:00	33,041,925	23,129:347	
	98-1		@80,000	0	畑	517:00	0:00		40:326		
	市街化区分	21002	0.000/0.000/0.000/0.000/0.985			生産緑地畑	517:00	0:00	40,326	40:326	
	99-1		@80,000	1	宅地	888:64	200:00		14,788:628		
	市街化区分	5767	21005	0.967/0.966/0.000/0.000/0.000		住宅用地	888:64	688:64	51,718,848	29,701:978	
	99-2		@80,000	0	公衆用道路	0:82	0:00		0		
	市街化区分	21006	0.000/0.000/0.000/0.000/0.000			市街雑種公	0:82	0:00	5,084	0	
	1450-2		@38	0	田	36:00	0:00		3:209		
	調整区域	24295	0.000/0.000/0.000/0.000/0.857			田	36:00	0:00	3,564	0	
	1452		@38	0	田	348:00	0:00		34:452		
	調整区域	24297	0.000/0.000/0.000/0.000/0.993			田	348:00	0:00	34,452	0	
	1453		@38	0	田	411:00	0:00		40:689		
	調整区域	24298	0.000/0.000/0.000/0.000/0.993			田	411:00	0:00	40,689	0	
	1459		@38	0	田	362:00	0:00		35:838		
	調整区域	24304	0.000/0.000/0.000/0.000/0.993			田	362:00	0:00	35,838	0	
	1469		@38	0	田	767:00	0:00		75:933		
	調整区域	24314	0.000/0.000/0.000/0.000/1.000			田	767:00	0:00	75,933	0	
	4227		@7.4	0	山林	1,441:00	0:00		60:233		
	調整区域	28495	0.000/0.000/0.000/1.000/0.000			山林	1,441:00	0:00	60,233	0	

3 農地の評価

平成27年分　倍　率　表

市区町村名：○○市　　　　　　　　　　　　　　　　　　　　　　○○税務署

音順	町（丁目）又は大字名	適用地域名	借地権割合	固定資産税評価額に乗ずる倍率等					
				宅地	田	畑	山林	原野	牧場	池沼
お	a a	市街化区域	%　—	比準	比準	比準	比準	比準	倍	倍
	b b	農業振興地域内の農用地区域			純 29	純 40				
		上記以外の地域								
		1　○○卸商業団地	50	1.3						
		2　上記以外の地域	50	1.1	中 41	中 57	中 18	中 18		
	c c	市街化調整区域								
		1　農業振興地域内の農用地区域			純 21	純 24				
		2　上記を除く△△△、□□、○、△△	50	1.0	中 38	中 49	中 14	中 14		
		3　上記以外の地域	50	1.0	中 22	中 32	中 7.1	中 7.1		
		市街化区域	—	路線	比準	比準	比準	比準		

農地法（抜粋）

第4条　（農地の転用の制限）

　農地を農地以外のものにする者は、政令で定めるところにより、都道府県知事の許可（その者が同一の事業の目的に供するため4ヘクタールを超える農地を農地以外のものにする場合（中略）には、農林水産大臣の許可）を受けなければならない。（後略）

第5条　（農地又は採草放牧地の転用のための権利移動の制限）

　農地を農地以外のものにするため又は採草放牧地を採草放牧地以外のもの（農地を除く。次項及び第4項において同じ。）にするため、これらの土地について第3条第1項本文に掲げる権利を設定し、又は移転する場合には、政令で定めるところにより、当事者が都道府県知事の許可（…中略）を受けなければならない。（後略）

4 貸家建付地
～アパートや貸家の敷地～

祐　子：あら、西田さん、今日はなんだか機嫌がよさそうですね。

西　田：今評価している土地が、アパートの敷地なんだよねぇ。
　　　　土地はほとんど四角い土地だし、簡単に評価できそうでラッキーなんだ。

祐　子：そうなんですか。
　　　　でも、いくら四角い土地だからと言って、現地は見に行ったんですよね？

西　田：見てないよ。
　　　　貸家やアパートの敷地は、通常の「宅地」の評価をして、そこから借家権割合などを控除すればいいんだから簡単さ。
　　　　それに、今回はアパート建築時に作られた測量図も揃っているし、現地調査なんてしなくても大丈夫！

祐　子：またそんなこと言って～。
　　　　所長に叱られても知らないですよ。
　　　　ところで、そのアパートって1棟当たり何室ある共同住宅ですか？

西　田：建物の登記は「1棟の共同住宅」ってなってるだけだから、何室とかは、わからないなぁ。

祐　子：そういえば、先日、相続人の方にお会いしたとき、「最近アパートの空室が出ちゃって・・・」って仰っていましたよね。
　　　　何室ある内の何室が空室になっているのかな？

西　田：なんでそんな事が気になるの？

建物自体が共同住宅だから、空室がいくつあるとか関係ないんじゃない？

祐　子：う〜ん。でも、どれくらいの期間、空室になっているとか。部屋ごとに違うでしょうし、そういうことって評価に影響しないんでしょうか？

≪そこに高橋所長が通りかかり、話に加わった≫

所　長：二人とも気になる事があるみたいだね。
　　　　じゃあ、現地に行って、いくつか確認してから説明しよう。

≪現地にて≫

所　長：貸家や共同住宅、アパートの敷地のことを「貸家建付地」と呼ぶのは知っているね。
　　　　「貸家建付地」の評価は通常の宅地の評価に「賃貸割合」を乗じて計算する。
　　　　これを違う言葉でいうと「相続開始日における入居割合」を掛け算する、というような意味となる。祐子ちゃんが心配しているように、相続開始日における「入居率」または「空室率」は、評価計算に影響があるから確認する必要があるね。

祐　子：え〜と、ドアの数とポストの数から考えると、1階が3室、2階が4室の計7室ですね。

西　田：今日現在、ポストに入居者のネームプレートが貼られているのは5室ですね。

所　長：7室ある共同住宅で、今日現在は2室が空室になっている可能性があるってことだね。
　　　　ただし、相続開始日における状況は相続人の方に確認する必要があるね。

　　　　また、その根拠として賃貸借契約書の確認と合わせて、親族や友人などの居住がないか、特に安い賃料や無償で入居している人がいないかも確認しておこう。

西　田：親族や友人が入居していると、何か問題があるんですか？

所　長：賃料などが他の入居者と同様の条件であれば問題ないけど、使用貸借に近い条件で入居している場合は「賃貸」ではなくなってしまうね。

西　田：なるほど。

所　長：あとは、敷金の預りがあり、退去時に返金する契約の場合は、その額が「債務」として控除できるんだよ。

祐　子：不動産の評価だけではなく、債務控除にも関係してくるんですね。

所　長：そうだね。
　　　　それ以外にも、家賃の滞納者がいる場合には「未収家賃」として財産計上する。
　　　　また、賃貸借契約書に、「毎月末までに翌月分の家賃を支払う」などと書かれている場合は、原則として家賃の入金日と相続開始日の関連から家賃月額を日数割した金額を「前受家賃」として債務計上する必要もある。

西　田：「貸家建付地」の評価って簡単だと思っていたんですけど、結構難しいですね。

所　長：そうだね。
　　　　貸家が個々の賃借人と個別契約ではなく、一括借上げなどの場合は、入居率や空室率などの「賃貸割合」を考慮する必要がない場合もあるね。
　　　　また、その建物の火災保険がどうなっているのかも、建物ごとに確認する必要があるよ。

祐　子：火災保険？？
　　　　財産評価とどんな関連があるんですか？

所　長：火災保険の中には積立式の保険があるんだよ。
　　　　「もしも、相続開始日に解約した場合」に、その積立金相当額が戻ってくる保険契約の場合は、その解約返戻金相当額を財産として計上する必要があるんだよ。

祐　子：そんなに沢山、確認することがあるんですか！？

所　長：実は、まだあるんだ。
　　　　最近は建物の屋根に太陽光発電の装置が設置されている場合がある。
　　　　この場合は、建物の評価とは別に太陽光発電装置を財産計上する必要があるよ。
　　　　また、貸家などで敷地の境にフェンスが設置されていたり、駐車場部分にアスファルト舗装がある場合は、建物の固定資産税評価額には反映されていないので、別途財産評価を行わなければならないんだ。
　　　　そうそう、祐子ちゃん、駐車スペースが何台分あるか書き留めておいてね。

祐　子：え～と、白線で区切られたスペースは・・・10台分あるみたいです。

所　長：7室のアパートに駐車スペースが10台だね。

西　田：それも、関係あるんですか？

所　長：アパートの賃貸借契約と、駐車場の賃貸借契約を見比べてみる必要がありそうだね。
　　　　もし、10台の駐車スペースの中に、アパートの入居者以外の人が借りている部分があると計算方法が変わってくる。

西　田：しょ、所長！そんなにたくさん覚えきれないですよ～！
　　　　メモしますから、もう一度、最初から話してくれませんか？

所　長：では、事務所に戻ってから、もう一度説明しよう。

祐　子：「貸家建付地」の評価って、想像以上に気を付けることが多いということが分かりました！

西　田：事務所の机上だけでは気が付かないことが、沢山あるんですね。

所　長：そうだね。
机上での作業も大事だけど、現地を見ないと見落とすことが沢山あるね。

解説

　貸地や借地、貸家建付地に代表されるような、他者の権利が関係する土地の評価に際しては、通常の土地の評価を行った上で、借地権割合や借家権割合などを控除して計算します。

　この中でも貸家建付地に関しては、評価に関連する事項が数多くあることから、現地確認の際は、特に留意する項目とされています。

　貸家建付地の原則的な評価方法は、「財産評価基本通達26」に記載されている通りとなりますが、この算式中の「賃貸割合」に注意が必要です。

　自身や親族等がその建物の一部分を無償や低額で入居している場合などは、この「賃貸割合」の対象から外さなければなりません。

8室ある建物の内、2室が自用部分であれば、(8室－2室)÷8室と部屋数で単純計算するのではなく、当該建物の各独立部分の床面積などから按分して計算することとなります。

　相続財産の評価は、相続開始日での現況に基づいて計算することとなることから、前述の「賃貸割合」についても、原則的には相続開始日での「賃貸割合」を乗ずることとなります。

　しかし、後述の質疑応答事例にあるように、「継続的に賃貸されてきたもので、課税時期において、一時的に賃貸されていなかったと認められる各独立部分がある場合には、その各独立部分の床面積を、賃貸されている各独立部分の床面積に加えて賃貸割合を計算して差し支えありません」とされています。

　このため、相続開始日に、以前とその後の賃貸状況などを確認する必要があります。

　サブリース（一括借上げ）の場合は、建物すべてを賃貸していることから貸家建付地や貸家建物の計算における「賃貸割合」については100％の計上となりますが、駐車場部分については賃貸状況を確認する必要があります。

　例えば、その敷地には貸家の建物1棟と10台分の駐車場部分があったとします。

　サブリースの契約では貸家1棟と駐車場部分8台分がその対象となり、残り2台分については、親族等が使用していたり、近隣の住民などへの月極駐車場としているケースです。

　この2台分の駐車スペースは、貸家建付地の一部としての評価ではなく、自用地として評価することになります。

　私の事務所への相談案件の中には「アスファルト工事やフェンス工事」「太陽光発電設備」などの「構築物など」の計上が漏れているケースが度々あります。

不動産所得の申告をしている方の場合、申告書の減価償却資産に計上されているため、確認しやすいですが、自用の構築物などは、現地での確認作業を怠ると、財産計上から漏れてしまいます。

また、土地の評価ではありませんが、「西田君のMEMO」にあるように、損害保険の積立部分(解約返戻金)」や「家賃の未収」などの計上漏れや、「返還不要部分の敷金」や「前受家賃」などの債務控除漏れにも注意が必要です。

なお、貸家建付地のケースで、添付書面が必要となる事例を35頁に掲げていますので参照下さい。

【帰所後に西田君が作ったMEMO】
　貸家の場合は、次のことに気を付けて、現地を見たり、相続人の方に確認すること！
　1　現地にて
　　・部屋数、駐車場の数の確認
　　・太陽光やフェンス、アスファルトなどの構築物等、注意！
　　・もちろん、地型(じがた)や間口、奥行距離なども要確認
　2　相続人や書類で確認
　　・賃貸借契約書(個別の賃貸、一括借上げ(サブリース)などの内容確認)
　　・相続開始日における入居状況(空室状況)
　　・空室の場合は一時的か否か
　　・家賃の滞納や未収、前受家賃の確認
　　・敷金の確認(債務控除を検討)
　　・駐車場部分(建物入居者か外部の近隣の者などか)確認
　　・建物の火災保険契約の確認
　3　とにかく現地をしっかり見る！！
やっぱり現地調査や現況把握が大事だって改めて感じた！

財産評価基本通達　26(貸家建付地の評価)
　貸家(94≪借家権の評価≫に定める借家権の目的となっている家屋をいう。以下同じ。)の敷地の用に供されている宅地(以下「貸家建付地」という。)の価額は、次の算式により計算した価額によって評価する。

> その宅地の自用地としての価額－その宅地の自用地としての価額×
> 借地権割合×94≪借家権の評価≫に定める借家権割合×賃貸割合

この算式における「借地権割合」及び「賃貸割合」は、それぞれ次による。
(1) 「借地権割合」は、27≪借地権の評価≫の定めによるその宅地に係る借地権割合（同項のただし書に定める地域にある宅地については100分の20とする。次項において同じ。）による。
(2) 「賃貸割合」は、その貸家に係る各独立部分（構造上区分された数個の部分の各部分をいう。以下同じ。）がある場合に、その各独立部分の賃貸の状況に基づいて、次の算式により計算した割合による。

$$\frac{Aのうち課税時期において賃貸されている各独立部分の床面積の合計}{当該家屋の各独立部分の床面積の合計（A）}$$

(注) 1 上記算式の「各独立部分」とは、建物の構成部分である隔壁、扉、階層（天井及び床）等によって他の部分と完全に遮断されている部分で、独立した出入口を有するなど独立して賃貸その他の用に供することができるものをいう。したがって、例えば、ふすま、障子又はベニヤ板等の堅固でないものによって仕切られている部分及び階層で区分されていても、独立した出入口を有しない部分は「各独立部分」には該当しない。

　なお、外部に接する出入口を有しない部分であっても、共同で使用すべき廊下、階段、エレベーター等の共用部分のみを通って外部と出入りすることができる構造となっているものは、上記の「独立した出入口を有するもの」に該当する。

2 上記算式の「賃貸されている各独立部分」には、継続的に賃貸されていた各独立部分で、課税時期において、一時的に賃貸されていなかったと認められるものを含むこととして差し支えない。

（貸家建付地等の評価における一時的な空室の範囲）国税庁　質疑応答事例

貸家の価額＝自用家屋の価額－自用家屋の価額×借家権割合×賃貸割合

貸家建地の価額＝自用地としての価額－自用地としての価額×
借家権割合×借家権割合×賃貸割合

課税時期において、アパートの一部に借家人がいることから、貸家及び貸家建付地として評価します。

貸家及び貸家建付地の価額は、それぞれ次の算式により評価します。

$$賃貸割合＝\frac{Aのうち課税時期において賃貸されている各独立部分の床面積の合計(B)}{当該家屋の各独立部分の床面積の合計(A)}$$

この場合において、賃貸割合は、原則として、課税時期において実際に賃貸されている部分の床面積に基づいて算定しますが、一時的に空室となっている部分の床面積を実際に賃貸されている部分の床面積に加えて算定して差し支えありません。

(説明)

1　取扱いの概要

　　借家権の目的となっている家屋は貸家として、その貸家の敷地の用に供されている宅地は貸家建付地として評価することとなり、それらの価額は、上記の算式により評価します。

　　これら算式における「賃貸割合」は、その貸家が構造上区分された数個の部分（各独立部分）からなっている場合において、上記の算式により算定します。

　　この割合の算定に当たって、継続的に賃貸されてきたもので、課税時期において、一時的に賃貸されていなかったと認められる各独立部分がある場合には、その各独立部分の床面積を、賃貸されている各独立部分の床面積(B)に加えて賃貸割合を計算して差し支えありません。

2　「継続的に賃貸されてきたもので、課税時期において、一時的に賃

貸されていなかったと認められる」部分の範囲
　アパート等の一部に空室がある場合の一時的な空室部分が、「継続的に賃貸されてきたもので、課税時期において、一時的に賃貸されていなかったと認められる」部分に該当するかどうかは、その部分が、各独立部分が課税時期前に継続的に賃貸されてきたものかどうか、賃借人の退去後速やかに新たな賃借人の募集が行われたかどうか、空室の期間、他の用途に供されていないかどうか、空室の期間が課税時期の前後の例えば1ケ月程度であるなど一時的な期間であったかどうか、課税時期後の賃貸が一時的なものではないかどうかなどの事実関係から総合的に判断します。

国税庁　質疑応答事例　支払期日未到来の既経過家賃と相続財産

【照会要旨】
　アパートの賃貸を業務としている者が本年4月24日に死亡しました。
　賃貸借契約において、そのアパートの賃貸料の支払期日は、毎月の末日とする旨が明定されており、その契約に従って賃貸料が支払われてきました。未収家賃はありません。
　この場合、4月分の家賃は、4月30日に相続人が収受しましたが、その家賃のうち4月1日から24日までの期間に対応する既経過分の家賃については、相続税の課税価格に算入する必要がありますか。

【回答要旨】
　死亡した日においてその月の家賃の支払期日が到来していない場合は、既経過分の家賃相当額を相続税の課税価格に算入しなくて差し支えありません。

税理士法第33条の2の添付書面の記載例

1　一括借上契約による評価
・○市○○町○○115番1ほか【○○ハイツ】
＜土地＞
　路線価地域の宅地。
　貸家4棟及び当該貸家居住者専用の駐車場の敷地である。
　貸家建設にあたり○○ハウス(株)が作成した求積図に基づき評価。
　被相続人と○○不動産(株)との間で一括借上契約により賃貸している共同住宅に係る土地であることから、賃貸割合100％の貸家建付地として評価した。

＜建物＞
・○○ハイツA・B・C・D(貸家)
　平成20年7月～平成21年8月完成の貸家。
　○○不動産(株)と一括借上契約を結んでいることから、賃貸割合100％として評価した。
　相続発生年度の名寄帳(I市発行)による固定資産税評価額に基づき計上。

2　相続開始日において、空室があった場合①
・Y市○○区○○○町1116番1他【ABビル】
　路線価地域の宅地。
　飲食店・スナック等が入っている商業ビル(貸ビル)の敷地である。
　相続開始日時点で、1室空室があったが、以前の賃借人の退去後速やかに新たな賃借人の募集が行われ、空室の期間中他の用途に供されていないことなどから、一時的に空室となっていたに過ぎないものであり、賃貸割合100％で評価。

3　相続開始日において、空室があった場合②

・Ｋ市○○町○○125番1ほか【倉庫】

　路線価地域の宅地。賃貸用建物の敷地である。

　相続開始日現在、同建物の1/2部分を○○に賃貸したが、残りの1/2部分は空室のままとなっていた。

　上記のことから、全体地積の1/2を貸家建付地評価としている。

5 旗竿地
～6尺って何ｍ？！～

所　長：この土地の評価だけど、現地は見てきたかい？

西　田：いやだなぁ～。もちろん見てきましたよ。
　　　　間口も奥行も、メジャーを持って行って測ってきました！

所　長：そうか・・・。
　　　　この土地は「旗竿」状になっているが、間口距離はどれくらいだった？

西　田：道路と接している部分の長さですよね。2ｍでしたよ。

所　長：メジャーで2ｍちょうどかね？
　　　　2ｍ1cmとかではなく、ジャスト2ｍだったのかい？

西　田：いやぁ～。そこまで細かくは見なかったなぁ～。

所　長：その旗竿の竿の部分、敷地内の進入路の幅は何か所か測ったかい？

西　田：・・・・・・？
　　　　間口と奥行は測りましたけど・・・。
　　　　進入路のところどころの幅までは気にしませんでした。

祐　子：所長、なにか気になる部分があるんですか？

所　長：そうだね。
　　　　気になる部分は、まず、この敷地に建っている建物だね。

西　田：えっ、土地じゃなくて建物ですか？

所　長：この建物は登記簿に「建築年が不詳」って書いてあるね。

祐　子：手入れをされて大事に使われているようでしたが、確かにかなり年数が経っているようでした。

所　長：昔の建物のままで、最近の建築基準では建替えを行っていないということだね。

西　田：建物の建築時期と土地の間口とが、なにか関係あるんですか？

所　長：関係する場合があるんだよ。
　　　　詳しい説明は後でするとして・・・次は土地だ。
　　　　登記簿を見ると、この土地は昭和の前半に相続で取得していることがわかるね。
　　　　他人から購入したりしたものではなく、長い年月、土地も建物も所有者が変わっていない。

西　田：確かにそうですが・・・う～ん？！
　　　　まだ何が「問題」か理解できないです。

所　長：では、次に「公図」を見てごらん。
　　　　公図上で、この進入路部分の線が少し曲がっていないかい？

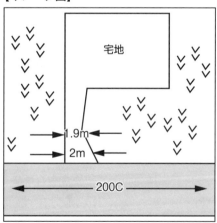
【イメージ図】

祐　子：確かに線が直線というより、内側に少しだけ屈折しているように見えます。

所　長：そうだね。進入路の幅が一部分、少しだけ狭くなっているように見えるね。

机上の資料確認の段階で気になるのは・・・
 ① 建物の築年は「不詳」なので、かなり古い建物だと思われる
 ② 先代から相続している土地で、長く所有し続けている
 ③ 公図上進入路の幅員が一部狭い
この３つかな？
よし、現地に行ってこれらの気になる点を見直してみよう。

≪現地にて≫

西　田：ここが現地です。
　　　　所長、気になる３つの事は聞きましたけど、どこに問題があるんですか？
所　長：以前に話したが「公図」は必ずしも「現況」と一致しているとは限らない。
　　　　だが、作成された当時の状況が「公図」に表されている場合もあるんだ。
　　　　祐子ちゃん「１間(けん)」って言葉を知っているかい？
祐　子：押入れや襖(ふすま)のサイズを「１間(けん)」って呼んだりすることですか？
所　長：そうだね。
　　　　では西田君、「６尺」って、どれくらいの長さだか知っているかい？
西　田：う～ん、わかりません！
所　長：「１間」イコール「６尺」なんだよ。
　　　　今の長さで言えば、「１尺」は約$\frac{10}{33}$m。
　　　　「６尺」は$\frac{60}{33}$m。
祐　子：となると、おおよそ1.818m。
　　　　「１間」も「６尺」も1.818mですね。

> **換算表**
> 1寸＝30.3mm
> 1尺＝10寸＝0.303cm
> 1間＝6尺≒181.818cm
> 1畳＝5尺8寸×2尺9寸≒5.096㎡（江戸間サイズ）

西　田：それと今回の土地との関連や問題点がまだわかりません。

所　長：昭和34年に、この尺や間の基準となる「尺貫法」という法律が廃止され、現在のメートル法になったんだ。

祐　子：あっ、この土地は昭和の前半で、相続や建物の建築がされていますね。

所　長：そうだね。
　　　　昔の基準では、人と人がすれ違うことができる道幅を「1間」とし、「1間道路」を基準としていたようだ。
　　　　当時の長さで土地の分筆が行われてできた道であれば、「1間道路（＝6尺道路）」となっている可能性があるね。

祐　子：この土地の進入路部分の一部が少し狭くなっていて、「6尺」しかない可能性があるということですね。

所　長：現在ほど測量技術などが進歩していない時代の事だから、ジャスト「6尺」となっているかはわからないが、当時は最低でも1.8m前後あれば、一般的に道路として問題はなかった時代だからね。
　　　　間口部分が2m幅かどうかも、再度正確に測る必要があるよ。現在のm法で2m幅が確保されていたのではなく、1間幅に1割ほどの少し余裕をみた間口幅で土地を分筆しているケースがあるんだ。

西　田：1.1間だと・・・1.9999mですか？

所　長：そうなるね。
　　　　以前評価した土地が、正確な測量をしても、まさに間口

祐　子：1.99mだったよ。
祐　子：1.99mということは、ギリギリ2mを切っているということですね。
西　田：1cmくらいだと誤差ですよね。
　　　　なにか問題になります？
祐　子：もしかして・・・。
　　　　2mの接道が取れていないので、家の建替えができない土地という事ですね?!
所　長：その通り。
　　　　その1cmの差が、大きな影響を及ぼすことがあるんだよ。

> **解説**

「建築基準法」第43条において、「建築物の敷地は道路に2m以上接しなければならない。」とあります。

旗竿状の土地の竿状部分（敷地延長の通路部分）の幅員は2m以上ないと、建築許可が下りないので、新たに建物を建築することができない土地ということになります。

この幅員2mとは、間口部分だけが2m以上という意味ではなく、一部分でも2m未満の部分があってはならないという決まりです。

現在のこの基準によると、原則として、今後、建物を再建築はできない土地となります。

今回のケースのように、昭和の前半以前から所有している土地や古い建物が現存している場合などは、近年の基準で建物の建築や土地の分筆がされていないことから、正確な測量図や建築図面が無くても建築や登記申請ができました。

当時の基準で分筆等された土地や、当時の基準で建てられた建物は、

数多く現存しています。

　相続税申告において土地の評価を行う場合、「建物が実際にある」「登記上の地目が宅地」「固定資産税の課税地目が宅地」などの状況から、安易に通常の「宅地」評価を行いがちです。

　近年の確定測量による測量図面のない旗竿地の現地確認の際は、この進入路部分の幅員の確認により土地の評価に大きな影響が出る場合がある事に留意しなければなりません。

　なお、こうした建築不可の土地については、無道路地に準じた評価を検討することとなります。

　評価額の減価要因となりますので、しっかり現地で調査を行わなければなりません。

建築基準法第43条（敷地等と道路との関係）

　建築物の敷地は、道路（次に掲げるものを除く。第44条第1項を除き、以下同じ。）に2メートル以上接しなければならない。

　ただし、その敷地の周囲に広い空地を有する建築物その他の国土交通省令で定める基準に適合する建築物で、特定行政庁が交通上、安全上、防火上及び衛生上支障がないと認めて建築審査会の同意を得て許可したものについては、この限りでない。

6 セットバック
～みなし道路に接する土地～

西　田：よし、今日の現地確認の場所に着いたよ。

祐　子：持ってきたメジャーで、間口の長さを測りましょうか。

西　田：あれぇ。おかしいな。
　　　　隣の家と、その向こうの家の敷地が、なんか引っ込んでるように見えるんだけど、気のせいかな？

祐　子：本当ですね。
　　　　逆に言えば、この家だけ出っ張ってるように見えますね。
　　　　よく見ると道路を挟んだ側の列のお宅は、出っ張ったり引っ込んだりで凸凹に見えますね。

所　長：西田君、自宅の前の道路の幅員を測ってごらん。

西　田：はいっ！3mです。

所　長：西田君、「イチシテイドウロ」とか「ニコウドウロ」って知っているかい？

西　田：聞いたことあるような気がしますが、よくわかりません。

所　長：建築基準法第42条に「道路の定義」がある。
　　　　この42条に定義されているすべてを理解するのは大変なので、その中でも、頻繁に出てくる3つの道路を理解しておく必要があるよ。

西　田：3種類をまず覚える必要があるんですね。

所　長：そうだね。
　　　　1つ目が「42条1項1号」の道路だ。
　　　　道路法による道路で、国道、都道府県道、市区町村道が該当

祐　子：これはわかりやすいですね。

所　長：2つ目は「42条1項5号」の道路だ。
　　　　特定行政庁がその位置や範囲を指定した4m以上の道路をいう。
　　　　この道路は「位置指定道路」と呼ばれることがあるよ。
　　　　特定行政庁とは、その道路のある地域の都道府県知事や市区町村長をいうんだ。

西　田：都道府県や市区町村に位置を指定された道路ということですね。

所　長：簡単にいうとそういうことになるね。
　　　　3つ目は「42条2項」の道路だ。みなし道路ということもある。

祐　子：だから、「ニコウドウロ」って呼ぶんですね！！

所　長：42条2項道路とは昭和29年に建築基準法が施行される以前から、すでに建物が立ち並んでいた、幅員が4m未満の道路のことだよ。
　　　　建築基準法では、幅員が4m以上ないと建物の建築ができないこととなったんだけど、昔は幅員が狭い道路も多く、救済措置として既存の建物が建っている場合は建築基準法上の道路として認定されているんだよ。
　　　　ただし、あくまでも救済措置のため、建築基準法の施行以降に建物を再建築する場合は、幅員が4m以上の道路となるように、敷地の一部を道路部分に充てなければいけなくなった。このことを「セットバック」というんだよ。

祐　子：建築時に、建物の敷地部分を後退するから「セットバック」なんですね！

所　長：そうだね。
　　　　この場所の道路幅は3mだったね。4m幅を確保するためには1mの幅が足りないことになる。

	将来、建替えを行う場合は、2項道路の中心線から2mずつ後退した線まで後退しなければならないんだ。
祐　子	：道路の中心から2mということは、1m足りない幅員を、お向かいのお宅と50cmづつ後退して4m幅を確保するということですか？
所　長	：原則はそういうことだね。 しかし、お向かいがすでに後退している場合は、当方だけが後退する場合もある。 また、場所によっては片側だけの一方後退っていうのもあるんだよ。
西　田	：お隣同士や、お向かいさんと同時にしなかったら、道路がデコボコしちゃいませんか？
所　長	：まさに！その状態が、ここの土地と道路なんじゃないかな？
西　田	：そうだ！ここの場所、凸凹してるんだった！

解説

　建築基準法の前身である「市街地建築物法」においては、9尺（約2.7m）以上の道路への接道が条件となっていました。

　昭和13年、同法の改正により原則4m以上と改正（緩和規定あり）されましたが、市街地建築物法の適用が、大都市に限られていたこともあり、昭和29年の建築基準法の制定当時には、幅員が4m未満の道路が数多く残っていました。

　このため、現存する建物の接する道路を2項道路（みなし道路）として指定をすることで、緩和措置としました。

　建物の老朽化などにより、順次再建築等が行われることにより、徐々に4m未満の道路が減り、幅員4m道路が確保されると想定されていた

ようですが、建築基準法制定後60年以上経った今日でも、2項道路や、セットバックの必要な土地に、頻繁に遭遇します。

【別紙Ⓐ】

土地及び土地の上に存する権利の評価明細書（第1表）

（評価明細書の詳細な様式画像）

(注) 1 5-1の「間口が狭小な宅地等」と5-2の「不整形地」は重複して適用できません。
    2 5-2の「不整形地」の「AからDまでのうち該当するもの」欄の金額について、AからDまでの欄で計算できない場合には、(第2表)の「備考」欄で計算してください。
    3 広大地を評価する場合には、(第2表)の「広大地の評価額」欄で計算してください。

6 セットバック　47

土地及び土地の上に存する権利の評価明細書（第2表）

広大地の評価額	（正面路線価）　　　（広大地補正率）※端数処理はしない　　　（地　積）　　円　×　（0.6－0.05×地積／1,000㎡　㎡）×　　　㎡	（自用地の評価額）　　　　　　円	L	（平成十六年分以降用）
セットバックを必要とする宅地の評価額	（自用地の評価額）　　　　　（自用地の評価額）　　　　　（該当地積）　　円　－　（　　　　円　×　　㎡／（総地積）㎡　×　0.7　）	（自用地の評価額）　　　　　　円	M	
都市計画道路予定地の区域内にある宅地の評価額	（自用地の評価額）　　　（補正率）　　円　×　0．	（自用地の評価額）　　　　　　円	N	
大規模工業用地等の評価額	○ 大規模工場用地等　　　（正面路線価）　　　　　（地　積）　　（地積が20万㎡以上の場合は0.95）　　円　×　　　　㎡　×	円	O	
	○ ゴルフ場用地等　　　（宅地とした場合の価額）（地積）　　（1㎡当たりの造成費）　（地積）　　（　　円　×　　㎡×0.6）－（　　円×　　㎡）	円	P	

〜〜〜〜〜〜〜〜〜〜〜〜〜〜〜〜〜〜〜〜〜〜〜〜〜〜〜〜〜〜〜〜

セットバックを要する土地の評価に関しては、

① 評価対象地に接している道路が4m未満であり、

② 同一道路に接する他の建物の敷地が道路より後退しているなどの場合は、市区町村役場などに出向き、

③ ①の道路が2項道路（みなし道路）であることや

④ 評価対象地のセットバックが完了しているか否か

⑤ 双方後退か一方後退（道路の反対側が川や崖など）

⑥ 道路の中心線からの距離、およびセットバックの面積

などの確認を行う必要があります。

　セットバックの評価方法は分かったけど「評価明細書にはどのように書くの？」という質問が多くよせられます。別紙Ⓐの通り「土地及び土地の上に存する権利の評価明細書」の裏面にセットバックの評価計算を行う欄があります。

建築基準法　第42条(道路の定義・抜粋)

　この章の規定において「道路」とは、次の各号の一に該当する幅員4メートル(特定行政庁がその地方の気候若しくは風土の特殊性又は土地の状況により必要と認めて都道府県都市計画審議会の議を経て指定する区域内においては、6メートル。次項及び第3項において同じ。)以上のもの(地下におけるものを除く。)をいう。

　一　道路法

　二〜四　(省略)

　五　土地を建築物の敷地として利用するため、道路法、都市計画法、土地区画整理法、都市再開発法、新都市基盤整備法、大都市地域における住宅及び住宅地の供給の促進に関する特別措置法又は密集市街地整備法によらないで築造する政令で定める基準に適合する道で、これを築造しようとする者が特定行政庁からその位置の指定を受けたもの

2　この章の規定が適用されるに至つた際現に建築物が立ち並んでいる幅員4メートル未満の道で、特定行政庁の指定したものは、前項の規定にかかわらず、同項の道路とみなし、その中心線からの水平距離2メートル(前項の規定により指定された区域内においては、3メートル(特定行政庁が周囲の状況により避難及び通行の安全上支障がないと認める場合は、2メートル)。以下この項及び次項において同じ。)の線をその道路の境界線とみなす。ただし、当該道がその中心線からの水平距離2メートル未満でがけ地、川、線路敷地その他これらに類するものに沿う場合においては、当該がけ地等の道の側の境界線及びその境界線から道の側に水平距離4メートルの線をその道路の境界線とみなす。

(以降省略)

財産評価基本通達24−6(セットバックを必要とする宅地の評価)

　建築基準法第42条第2項に規定する道路に面しており、将来、建物の建替え時等に同法の規定に基づき道路敷きとして提供しなければならない部分を有する宅地の価額は、その宅地について道路敷きとして提供する必要がないものとした場合の価額から、その価額に次の算式により計算した割合を乗じて計算した金額を控除した価額によって評価する。ただし、その宅地を24−4((広大地の評価))(1)又は(2)により計算した金額によって評価する場合には、本項の定めは適用しないものとする。

【算式】

$$\frac{\text{将来、建物の立替え時に道路敷きとして提供しなければならない部分の地積}}{\text{宅地の総地積}} \times 0.7$$

7 雑種地の評価
～建物の再建築が不可な場合など～

祐　子：あら、西田さん。なんだか浮かない顔をしてますけど、どうしたんですか？

西　田：なんか腑に落ちないんだよね。

祐　子：土地の評価？

西　田：そうなんだ。
倍率地域の雑種地の評価をするように所長から言われたんだけどさ。「雑種地」っていう地目があるんだ。

祐　子：財産評価基本通達82には、その雑種地と状況が類似する付近の土地についてってあるけど・・・。
なんだか難しい表現ですね。
でも、倍率地域だから、固定資産税評価額に倍率をかければいいんじゃないですか？

西　田：それが、倍率表に「雑種地」って項目がないんだよ。
だから何倍を掛けていいのかわからないんだ・・・。

祐　子：現地は見てきたんですか？

西　田：しっかり見てきたよ。
以前は、どこかの建築会社に資材置場として貸していた時期もあるみたいだけど、数年前からは、誰にも貸していなくて空き地になっていた。

祐　子：近くに状況が似ている土地はなかったんですか？

西　田：徒歩数分のところには、家が建ち並んでいたんだけど、この土地の近隣は、同じように更地というか、雑種地というか、

建物が建っていない土地が多かったよ。
この土地は、高低差や凸凹もなく、「宅地」に近いのかな～って思ってさ。
それで、帰りに市役所に行って「近傍宅地の評価額」っていうのを聞いてきた。

祐 子：だったら、その「近傍宅地の評価単価の額」に「面積」と「倍率」を掛ければいいんじゃないですか？

西 田：そう思うでしょ。だからその計算してみたんだ。
そしたらさぁ。

祐 子：そしたら？

西 田：なんか、予想より高額な評価額になっちゃって困っているんだ。

祐 子：でも、宅地に近い状況なら、それなりに大きな金額になっても仕方ないんじゃないんですかねぇ～。

西 田：まあ、そうなんだけど。
市役所行ったときに確認したんだけど、その土地って家が建たないんだって。
「宅地要件がない」って言っていたんだよね。

所 長：おっ、何か困っているようだね。

西 田：あっ、所長。ちょうどよかった。
そうなんです。困っています。聞いてください。

≪西田くんが事情を所長に説明した≫

所 長：なるほど。そういう事か。
国税庁のタックスアンサーを見たことはあるかい？
西田君が現地や市役所で確認してきたことを整理して、このタックスアンサーを確認してみよう(58ページ参照)。

　　　　　　近隣は市街化区域で家が立ち並んでいるが、この土地は、市街化調整区域の雑種地で宅地要件がないから、建物が建たないんだったよね。
西　田：そうです。
所　長：周囲・地域の状況は、純農地、純山林、純原野でも店舗等の建築が可能な幹線道路沿いや、市街化区域との境界地でもないよね。
　　　　このケースの評価方法は、比準地目の欄を見ると「宅地比準」となっている。
祐　子：西田さんが市役所で「近傍宅地」の金額を聞いてきているみたいですよ。
所　長：なるほど。よく気が付いたね。
　　　　その「近傍宅地」の単価に倍率と面積を掛けると、「近傍宅地」の価額が算定されるね。
西　田：その計算だと、予想以上に高額な金額になるので困っていたんです。
所　長：では、しんしゃく割合の欄を見てごらん。
　　　　しんしゃく割合は50％となっているよ。
祐　子：それでは、西田さんの計算結果に1/2をすればいいってことですね？
所　長：そうだね。祐子ちゃんのいう通り。

解説

　雑種地の評価を行う方法としては、「財産評価基本通達82」のただし書きにおいて、「その倍率が定められている地域にある雑種地の価額は、その雑種地の固定資産税評価額にその倍率を乗じて計算した金額によって評価する。」とあります。

今回の事例は、文中の西田君の発言により「市街化調整区域内の雑種地」で「雑種地の倍率が定められていない地域」であり、また、「近隣の状況等から宅地に近い」ことから宅地に比準して雑種地の評価を行うこととなります。

1　1㎡あたりの価額の算出

「宅地比準」方式により土地の評価を行うには、各市区町村役場の固定資産税を管轄する部署にて「近傍宅地」の価額を確認することとなりますが、この「近傍宅地の価額」は、一般的に1㎡当たりの単価として示されることとなります。

「近傍宅地の価額」は、近くの宅地の"固定資産税評価額"ですので、この金額に、その地域の倍率を乗じて相続税などの際の評価単価を計算することとなります。

この倍率を乗じる計算が漏れてしまっている事例も見受けられることから注意が必要です（財産評価基本通達82のただし書き部分）。

2　間口・奥行、不整形等の補正

今回の事例は、正方形の土地であったため、記載が省略されていますが、「宅地比準」により評価を行う場合には、「間口・奥行に関する補正」や「不整形地に関する補正」を行うこととなります。

この計算が漏れている事例が多いことから注意が必要です（財産評価基本通達82前半部分）。

3　しんしゃく割合

国税庁HPタックスアンサーNo.4628には「付近の宅地の価額を基として評価する場合（宅地比準）における法的規制等（開発行為の可否、建築

制限、位置等）に係るしんしゃく割合（減価率）は、市街化の影響度と雑種地の利用状況によって個別に判定することになりますが、下表のしんしゃく割合によっても差し支えありません。」との記載があります。

　この表から、今回の事例のしんしゃく割合は30％ないしは50％となります。西田君の発言により、今回の事例では何らかの法規制等で「建物の建築が不可能」とあったことから、しんしゃく割合は50％となります。

4　この事例における雑種地の計算式

　「土地及び土地の上に存する権利の評価明細書」への記載のイメージとしては、「1㎡当たりの近傍宅地の価額」に「地域の宅地の倍率」を乗じた額を「正面路線価」の欄に記載し、計算を始めると考えると分かり易いでしょう。

　その上で、各補正率を適用し、また、しんしゃく割合を乗じて計算を行います。

　また、建物の建築ができない場合であっても、何らかの賃借権が設定されている場合があります。

　契約書や登記簿などを確認し賃借権や地上権が設定されている場合は、この権利相当部分の控除（減額）も必要です（財産評価基本通達86）。

財産評価基本通達82（雑種地の評価）

　雑種地の価額は、原則として、その雑種地と状況が類似する付近の土地についてこの通達の定めるところにより評価した1㎡当たりの価額を基とし、その土地とその雑種地との位置、形状等の条件の差を考慮して評定した価額に、その雑種地の地積を乗じて計算した金額によって評価する。

　ただし、その雑種地の固定資産税評価額に、状況の類似する地域ごとに、その地域にある雑種地の売買実例価額、精通者意見価格等を基として国税局長の定める倍率を乗じて計算した金額によって評価することができるものとし、その倍率が定められている地域にある雑種地の価額は、その雑種地の固定資産税評価額にその倍率を乗じて計算した金額によって評価する。

財産評価基本通達86(貸し付けられている雑種地の評価)

賃借権、地上権等の目的となっている雑種地の評価は、次に掲げる区分に従い、それぞれ次に掲げるところによる。

(1) 賃借権の目的となっている雑種地の価額は、原則として、82≪雑種地の評価≫から84≪鉄軌道用地の評価≫までの定めにより評価した雑種地の価額(以下この節において「自用地としての価額」という。)から、87≪賃借権の評価≫の定めにより評価したその賃借権の価額を控除した金額によって評価する。

ただし、その賃借権の価額が、次に掲げる賃借権の区分に従いそれぞれ次に掲げる金額を下回る場合には、その雑種地の自用地としての価額から次に掲げる金額を控除した金額によって評価する。

イ　地上権に準ずる権利として評価することが相当と認められる賃借権(例えば、賃借権の登記がされているもの、設定の対価として権利金その他の一時金の授受のあるもの、堅固な構築物の所有を目的とするものなどがこれに該当する。)

その雑種地の自用地としての価額に、その賃借権の残存期間に応じ次に掲げる割合を乗じて計算した金額

（イ）　残存期間が5年以下のもの　100分の5
（ロ）　残存期間が5年を超え10年以下のもの　100分の10
（ハ）　残存期間が10年を超え15年以下のもの　100分の15
（ニ）　残存期間が15年を超えるもの　100分の20

ロ　イに該当する賃借権以外の賃借権

その雑種地の自用地としての価額に、その賃借権の残存期間に応じイに掲げる割合の2分の1に相当する割合を乗じて計算した金額

(2) 地上権の目的となっている雑種地の価額は、その雑種地の自用地としての価額から相続税法第23条≪地上権及び永小作権の評価≫又は地価税法第24条≪地上権及び永小作権の評価≫の規定により評価したその地上権の価額を控除した金額によって評価する。

(3) 区分地上権の目的となっている雑種地の価額は、その雑種地の自用

地としての価額から87－2≪区分地上権の評価≫の定めにより評価したその区分地上権の価額を控除した金額によって評価する。

(4) 区分地上権に準ずる地役権の目的となっている承役地である雑種地の価額は、その雑種地の自用地としての価額から87－3≪区分地上権に準ずる地役権の評価≫の定めにより評価したその区分地上権に準ずる地役権の価額を控除した金額によって評価する。

(注)上記(1)又(2)において、賃借人又は地上権者がその雑種地の造成を行っている場合には、その造成が行われていないものとして82≪雑種地の評価≫の定めにより評価した価額から、その価額を基として87≪賃借権の評価≫の定めに準じて評価したその賃借権の価額又は相続税法第23条≪地上権及び永小作権の評価≫若しくは地価税法第24条≪地上権及び永小作権の評価≫の規定により評価した地上権の価額を控除した金額によって評価する。

【国税庁 タックスアンサーNo.4628】
https://www.nta.go.jp/taxanswer/hyoka/4628.htm

市街化調整区域内の雑種地の評価

　雑種地(ゴルフ場用地、遊園地等用地、鉄軌道用地を除きます。)の価額は、原則として、その雑種地の現況に応じ、評価対象地と状況が類似する付近の土地について評価した1㎡当たりの価額を基とし、その土地と評価対象地である雑種地との位置、形状等の条件の差を考慮して評定した価額に、その雑種地の地積を乗じて評価することとしています。

　ところで、市街化調整区域に存する雑種地を評価する場合に、状況が類似する土地(地目)の判定をするときには、評価対象地の周囲の状況に応じて、下表により判定することになります。

　また、付近の宅地の価額を基として評価する場合(宅地比準)における

法的規制等（開発行為の可否、建築制限、位置等）に係るしんしゃく割合（減価率）は、市街化の影響度と雑種地の利用状況によって個別に判定することになりますが、下表のしんしゃく割合によっても差し支えありません。

周囲（地域）の状況	比準地目	しんしゃく割合
① 純農地、純山林、純原野	農地比準、山林比準、原野比準（注1）	
② ①と③の地域の中間（周囲の状況により判定）	宅地比準	しんしゃく割合50%
		しんしゃく割合30%
③ 店舗等の建築が可能な幹線道路沿いや市街化区域との境界付近（注2）	宅地価格と同等の取引実態が認められる地域（郊外型店舗が建ち並ぶ地域等）	しんしゃく割合0%

（市街化影響度：弱↑↓強）

（注）
1. 農地等の価額を基として評価する場合で、評価対象地が資材置場、駐車場等として利用されているときは、その土地の価額は、原則として、財産評価基本通達24－5（（農業用施設用地の評価））に準じて農地等の価額に造成費相当額を加算した価額により評価します（ただし、その価額は宅地の価額を基として評価した価額を上回らないことに留意してください。）。
2. ③の地域は、線引き後に沿道サービス施設が建設される可能性のある土地（都市計画法34条第9号、第43条第2項）や、線引き後に日常生活に必要な物品の小売業等の店舗として開発又は建築される可能性のある土地（都市計画法34条第1号、第43条第2項）の存する地域をいいます。
3. 都市計画法第34条第11号に規定する区域内については、上記の表によらず、個別に判定します。

（評基通7、82）

税理士法第33条の2の添付書面の記載例

・○市○町268番5【資材置場】
　倍率地域の雑種地。
　(株)S組に資材置場として賃貸している土地である近傍宅地の評価単価に地積を乗じて評価した。
　建物の建築が認められない区域に存することなどから、国税庁HPタックスアンサーNo.4628「市街化調整区域内の雑種地の評価」に基づき、通常の評価額からしんしゃく割合50％減額した。

8 水路などに接した土地
~側方加算？~

西　田：所長。土地の評価の決裁をお願いします！

所　長：おっ、なんだか今日は自信満々だね。

西　田：はい。側方に水路がありますけど、ほぼ長方形の土地なんで大きな問題はありません。

所　長：水路？どれどれ。
　　　　なるほど公図からみると、土地の西側に水路があるね。

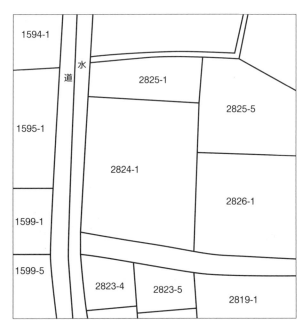

西　田：はい。しかし、水路は暗渠っていうんですか？
　　　　蓋がしてあって、道路と同じ状態になっています。

　　　　　　土地の西側に水路、そのまた西側に道路があります。
　　　　　　その道路に路線価が付されていますので、評価の際に「側方加算」をしました。
　　　　　　もうバッチリですよ。
所　長：・・・・・・。
西　田：あれ？「よくやった！」って褒めてもらえると思っていたんですけど。
　　　　　　何か問題がありますか？
所　長：そうだね。
　　　　　　まずは確認したい事があるから、明日、現地と役所周りをしてみようか？

≪現地確認≫

西　田：ここが現地です。
　　　　　　ご覧の通り、側方に暗渠となった水路と道路があります。
所　長：確かに、評価対象地の側方には道路に見える暗渠があるね。

8 水路などに接した土地　63

西　田：だからバッチリだって言ったじゃないですかぁ。
　　　　水路部分に橋が架かっていて、その橋を渡って敷地に入る場合は旗竿地のような評価を行うんですよね？
　　　　今回は西側の全面が暗渠に接しているので、「側方加算」したんですよ。

所　長：で、この側方の暗渠部となっている道路に見えるところは、そもそも道路なのかね？

西　田：えっ？道路じゃないんですか？！じゃ、「側方加算」は必要ないんですか？！

所　長：確かにこの暗渠は道路のように使われているけど、あくまでも暗渠だからね。
　　　　必ずしも建築基準法上の道路となっているわけではないんだ。

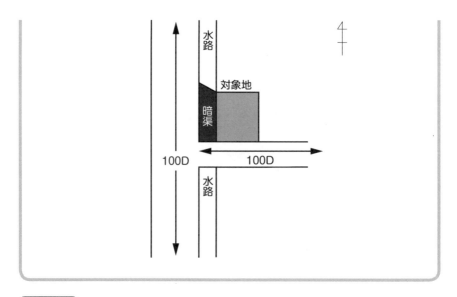

解説

　その土地の側方などに路線価が付されていたとしても、「その土地がその路線価に接していない」場合があります。

　今回の事例のように、河川や水路の上に舗装やコンクリートが付設されていることから、見た目は道路であっても、建築基準法や関係法令上「道路」となっていない部分を挟んで路線価が付されている道路が存在し、直接には接していない場合があります。

　財産評価基本通達では、原則的に「路線価×地積」または「固定資産税評価額×倍率」で土地の評価を行います。

　その後、減価要因があればその分減額を行うこととなります。

　路線価地域の土地の評価で増額要因があるとすれば、側方・裏面加算であり、それ以外に増額の計算は原則としてありません。

　言い方を変えると「現地確認は、この２つの増額要因を除けばその土地の評価減となる要素を探し出す」ことが目的です。

　今回の事例は、「評価対象地」「水路(暗渠)」「通常の道路部分」となっ

ています。

　見た目では、「道路部分」と「暗渠部分」の全体が「道路」となっています。

　しかし、この「暗渠部分」が建築基準法その他の法令等における「道路」となっていない場合があります。

　つまり、「評価対象地」と「路線価の付されている道路」との間には「水路」が存在し、「評価対象地」は側道に接していないことから、側方加算の必要がないケースもあるのです。

　その道路・河川・水路を管理・管轄している役所などを調べ、その「暗渠部分」がどのような扱いとなっているのかを確認することにより、側方・裏面加算をする必要がないことを確認できる場合があります。

　土地の評価において、もちろん「現地確認」は大切ですが、現地での「見た目」のみに惑わされず、土地の現状をしっかり理解・把握する必要があります。

9 路線価地域と倍率地域の境界
~路線価地域の土地だと思ったら~

土地の現地確認から西田君が帰ってきた。自分のデスクに着くと頭を抱えてしまった。
それを見ていた祐子ちゃんが、西田君にお茶を入れて持って行った。

祐　子：西田さん、お帰りなさい。
　　　　今日も悩み事ですか？

西　田：うん。被相続人が持っていた土地を見に行ったら、住宅街の外れにある土地でさ。見た目は、普通に空地なんだよね。
　　　　地域の一般的な宅地のサイズだと5~6軒分の家が建つくらいの広さがあってね。

祐　子：そんな大きな土地を空地にしているなんて、勿体ないですね。

西　田：そうなんだよ。
　　　　家を建てるとか、その広さなら貸家やアパートを建てたら家賃収入が入ってきて、そのお金で美味しいものが毎月のように食べられるのに・・・って思ってさ。

祐　子：西田さんって、食べることしか考えていないんですね。

西　田：ひどいなぁ~食べることばかりじゃないよ~。
　　　　それでね、被相続人の奥さんに「勿体無いですね」って、なんとなく言っちゃったんだよね。
　　　　そしたら・・・。

祐　子：そしたら？！

西　田：奥さんが「私もそう思ったんですけど、亡くなった主人がい

うには、あそこは家が建たないらしいんですよ。」って言ってた。

祐　子：あらっ、残念！
　　　　でも、なんで住宅街なのに家が建たないのかしら？

西　田：亡くなったご主人が不動産の管理をしてたこともあって、詳しい理由は、聞かなかったんだって。

≪そこへ高橋所長が通りかかって、二人の会話に加わった≫

所　長：なるほど。事情は少しわかった。
　　　　ところで、その土地の周辺は、どんな状況だった？

西　田：道路を挟んだ向かい側は、全部、宅地というか、家が建ち並んでいました。

所　長：道路の向かい側は宅地になっているけれど、評価対象地は家が建たないの？

西　田：亡くなったご主人が、そう仰っていたようです。

所　長：ところで、その土地は、「市街化区域」にあるのかい？

西　田：えっ？前面の道路に路線価が付されているので・・・。
　　　　路線価で評価すると思って「市街化区域」か「市街化調整区域」かは調べていませんでした。

所　長：道路の向かい側の宅地になっている場所と、評価対象地は、もしかして市が違ったりしないか？

西　田：所長、よく知っていますね。
　　　　評価対象地がＡ市で、道路の向かい側はＢ市なんです。
　　　　しかもＡ市はa税務署、Ｂ市はb税務署が管轄しているんです。

所　長：西田君は、Ａ市の土地の評価をするのに、b税務署の「路線価図」を見ていないか？

西　田：え？同じ道路だから、どちらの「路線価図」を見ても答えは同じですよね。

9 路線価地域と倍率地域の境界　69

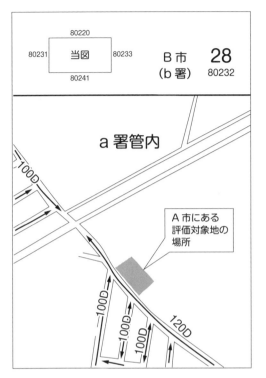

所　長：では、西田君が見たｂ税務署の「路線価図」とａ税務署側の「路線価図」を見てみよう。
　　　　まず、ｂ税務署の「路線価図」には対象地の前の道路に路線価が付されているね。

西　田：はい。間違いないです。

所　長：でも、ｂ税務署の「路線価図」の対象地側には「ａ署管内」って書いてあるだろう。
　　　　ａ税務署側の「路線価図」はどうなってる？

西　田：あれ？同じ場所なのに、路線価図がない。
　　　　あっ、所長！「倍率地域」になってます。
　　　　でもなんでだろ？同じ道路に接しているのに・・・

平成28年分 倍率表

市区町村名：A市　　　　　　　　　　　　　　　　　　　　　　　　　　a税務署

音順	町（丁目）又は大字名	適用地域名	借地権割合	固定資産税評価額に乗ずる倍率等					
				宅地	田	畑	山林	原野	牧場	池沼
			％	倍	倍	倍	倍	倍	倍	倍
ぜ	○○4丁目	1　農業振興地域内の農用地区域			純 36	純 56				
		2　上記以外の地域	50	1.2	中 53	中 72	中 96	中 96		
		市街化区域	―	路線	比準	比準	比準	比準		
	○○1～2丁目	全域	―	路線	比準	比準	比準	比準		
	○○5～7丁目	全域	―	路線	比準	比準	比準	比準		
	○○	全域	―	路線	比準	比準	比準	比準		
た	○○	市街化調整区域								
		1　農業振興地域内の農用地区域			純 32	純 54				
		2　上記以外の地域	50	1.1	中 53	中 68	中 93	中 93		

所　長：見た目は同じような地域に見えても、「路線価地域」と「倍率地域」の境はどこかに必ずあるんだ。

　　　　それに、今回は市の境の土地であり、また、管轄する税務署の境でもあった。

　　　　このような場合は、反対側の管轄署の路線価だけでは、適切な情報が入手できないこともあるんだよ。

祐　子：「調整区域」だとすると、宅地として家を建てたりできないということですか？

所　長：亡くなったご主人が「家が建たない」って言っていたのであれば、その可能性は大きいね。

　　　　最終的にはA市役所で、確認する必要がありそうだね。

西　田：危なかったぁ。

　　　　思い込みで作業をしてしまい、評価を間違えるところでした。

所　長：「現地確認」はもちろん大事だけど、必要な情報をしっかり入手しておかないと、思い込みや勘違いをすることがあるね。今回のように市境や税務署の管轄の境などの場合、思いもよらない差が出ることがあるから、なお一層の注意が必要だよ。

解説

　相続税の評価を行うに当たっては、都市計画法など、税法以外の知識が必要となる場面が多々あります。

　東京23区内や大阪市に代表される大都市圏の事案では、ほとんどの場合が「市街化区域内の土地」であり、「市街化調整区域の土地」の評価に関連しないことが多いでしょう。

　しかし、「市街化区域」と「市街化調整区域」は必ずどこかに境目があります。

　日本全体の面積377,930km²に対し、市街化区域は約3.83％（約14,480km²）が指定されているにすぎません。

　ただし、その3.83％の市街化区域に人口の69.85％が集中しているのが現状です。

　路線価図は、原則として市街化区域に付されていますが、市街化区域の全域に付されているとは限りません。

　正確な数値は不明ですが、日本全体の約3.83％しかない市街化区域の、そのまた一部に路線価が付されていることから、日本全体の1～2％のみが路線価地域であり、残りの98～99％の土地の評価が倍率地域になるものと推測されます。

　今回の事例は、評価対象地の接道する道路に市の境界があり、かつ、その境界は税務署の管轄の境でもあり、また同時に「市街化区域」と「市街化調整区域」の境でもある事例でした。

　依頼者所有の土地のほとんどはＢ市にあることから、当初、西田君はｂ税務署の路線価図を見てしまったようです。

　ｂ税務署側の土地は市街化区域内にあることから路線価図が作成されていますが、Ａ市（ａ税務署管轄）側にある評価対象地は、市街化調整区

域内にあるため、a税務署管轄の倍率表を参照すべきであったはずですが、つい、うっかりでb税務署の路線価図を見てしまい、その路線価図に評価対象地が接する道路に路線価が付されていたとことから、「路線価地域にあるに土地＝市街化区域＝家が建つ土地＝宅地の評価」をしてしまったのだと思います。

相続人から、「家が建たない土地」という情報があったことから計算方法の誤り（路線価図の見間違い）に気づく事例です。

「そんなミスしないでしょ？」と思われるかもしれませんが、私の事務所に持ち込まれる相談案件には、そのようなケアレスミスが年に数件あるのが実情です。

また、市区町村などの行政区域の境界は、道路や河川などで区切られていることばかりではありません。

市境などに跨って家が建てられているケース、それも敷地の一部が市街化調整区域側に建てられている場合も稀ですが存在します。

現地確認の重要性はいうまでもありませんが、その土地の実情や、その土地が受けている規制や指定などを評価に反映させることが重要になります。

現地確認と併せて、評価対象地を管轄する市区町村などに出向くなどして、それらの情報を収集することが必要となります。

・現状、建物があっても今後、建て替えができるのか？
・資材置き場や駐車場など宅地以外として使用されている土地は何らかの理由がないのか？

現地確認の際は、「その土地に関する処々の事情を発見する」ことを心がける必要があります。

今回の事例と同様に「市街化区域」と「市街化調整区域」の境界付近にある「市街化調整区域の雑種地」に関する相続税評価の実例が当所で

もありました。

　相続税評価は、現状に基づく適正な評価を行ったのはいうまでもありませんが、相続税評価の作業に関連して、過去からの固定資産税の評価と税額の確認をしたところ、固定資産税が建物の建築ができないなどの規制を受けている地域であるにもかかわらず、付近の宅地と同程度の課税を受けてきたことが判明しました。

　見た目が宅地状(空き地)となっていたことが市区町村での固定資産税の計算誤りを誘発した原因と想像します。

　このように、相続税の申告手続と併行して、市区町村に対し、固定資産税の見直し(還付手続)を行ったケースも少なくありません。

【参考データ】
1、都市計画区域等のイメージ

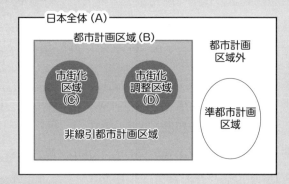

2、各区域等の面積、人口など

地域・区域	面積（全体比）	人口（全体比）
A：日本全体	約377,970km²	約12,700万人
B：都市計画区域	約101,884km²（約26.95%）	約12,015万人（94.60%）
C：市街化区域	約14,480km²（約3.83%）	約8,871万人（69.85%）
D：市街化調整区域	約38,033km²（約10.06%）	約1,095万人（8.62%）

注1：都市計画区域等の面積、人口は国土交通省HP「都市計画区域、市街化区域、地域地区の決定状況（平成26.3.31現在）」からの抜粋による
http://www.mlit.go.jp/toshi/tosiko/toshi_tosiko_tk_000009.html
 2：日本全体の人口は、総務省統計局「人口推計（平成28年8月報）からの抜粋による。
http://www.stat.go.jp/data/jinsui/new.htm

10 縄伸び
～地積が増えちゃった？～

土地の現地確認から帰ってきた西田君は、なんだか浮かない顔をしている。

祐　子：西田さん、お帰りなさい。
　　　　今日のお宅はどうでした？

西　田：聞いてよ、祐子ちゃん。
　　　　被相続人のお宅に話を聞きに行ったついでに、自宅の隣の土地の現地確認もしてきたんだ。
　　　　登記簿では330㎡ってなってて、きれいな長方形だったんだけどね。

祐　子：330㎡っていうと、昔の100坪ってことですね。

西　田：メジャーを持っていたんで、簡単に測ってみたら、間口は12mくらいで奥行が33mくらいありそうなんだよ。

祐　子：12m×33m＝396㎡・・・。
　　　　約400㎡ですか～。
　　　　登記簿の面積と30％くらいの誤差があるってとこですね。

西　田：そうなんだよ。
　　　　どっちが正しいのかわからなくなっちゃってさ。

≪外出先から帰ってきた高橋所長が二人の話しに加わった≫

所　長：それは、「縄伸び」だな。

西　田：ナワノビ・・・ですか？

所　長：登記されている面積よりも実際の面積の方が多い場合を、「縄伸び」と言い、逆に実際の面積が少ない場合を「縄縮み」っていうんだよ。

西　田：「登記されている面積が正しい」のではないんですか？

所　長：中学の日本史などで習った、明治時代に行われた「地租改正」や豊臣秀吉が行ったといわれる「太閤検地」を覚えているかい？

祐　子：う～ん、なんとなく覚えています。

所　長：「太閤検地」で行われた土地の調査の影響がいまだにある、と言ってしまうと言い過ぎかもしれないが、実は明治時代に行われた「地租改正」で作成された図面が、いまだに法務局に備え付けられている、「公図」（地図に準ずる図面）のかなりの部分を占めているようだよ。

西　田：そうなんですか？

祐　子：それでは、「登記されている面積が正しい。」とは言い切れないんですね！？

所　長：そうなんだ。登記簿に「実際の面積が記載されている」とは限らないことになるね。

西　田：となると、今日見てきた評価対象地の面積は・・・。

所　長：「財産評価基本通達8」によると「地積は、課税時期における実際の面積による。」と書かれている。

西　田：登記の面積よりも、僕が測った面積の方が正解に近いってことですか？
　　　　となると、相続財産である土地の評価を行う場合は、正確な測量を行わなければならないということですか？

所　長：費用の問題もあり、すべての土地の測量を行うことは現実的ではないだろうね。

　　　　　少なくとも、建物が建っている土地、いわゆる「宅地」の場合、その建物を建てる時に簡易測量や実地測量を行っている場合が多い。
　　　　　また、売買で取得した土地の場合は、売買の際に測量を行なっている場合があるので、相続人に測量図の保管があるか、必ず確認する必要があるね。
西　田：捨てちゃってる場合や、紛失している場合はどうするんですか？
所　長：法務局に「地積測量図」が提出・保存されているケースもあるので、それを入手して参考とすることになるね。
祐　子：それもない場合はどうしたらいいんでしょう？
所　長：市区町村や道路を管理している役所に行くと、道路境界に関する図面や水道管などの埋設に関する図面などが備え付けられていて、閲覧できる場合があるんだ。
　　　　それらを参考としながら、今日の西田君のように、現地で簡易測量を我々が行い、その面積を採用することになるね。
祐　子：少なくとも、明治時代やその前の数値よりは正確ですね。
西　田：だから会計事務所なのに、うちの事務所にメジャーが置いてあるんですね！やっとその理由がわかりました。

解説

　「縄伸び（縄延び。なわのび）」とは、登記簿に記載されている地積より、実測の地積の方が広い場合をいい、その逆で、登記簿に記載されている地積より、実測の地積の方が狭い場合を「縄縮み（なわちぢみ）」といいます。

　実務上は、「縄縮み」が起きている場合は少なく、「縄伸び」が起きていることがほとんどです。

　過去の事例から、この「縄伸び」は、登記地積のプラス10〜30％程

度となっているケースが多いようですが、中には登記面積の1.5倍や2倍などという事例も見受けられます。

「縄伸び」「縄縮み」など、土地の現状を正しく理解できていない状況で、安易な土地の評価計算を行うと、後日、修正申告となってしまう可能性が大きくなりますので、注意が必要です。

【具体例】
　路線価20万円、330㎡(100坪)の土地で20%縄伸びがあり、適用する相続税率が30%の場合の修正税額。
(計算式)
20万円×330㎡×20%＝1,320万円　・・・縄伸びにより評価誤差
1,320万円×30%＝396万円

評価を行う場合には、登記簿や公図の確認を省略することなく、これらを入手し、その内容をしっかり確認する必要があります。

近年の区画整理事業や開発により分譲された土地などは、正確な測量が行われていることから、このような面積の差は生じにくいといえますが、大部分の土地については、正確な測量が行われていません。このため実務においては、土地の面積(地積)と登記上の地積が一致しない事例に頻繁に遭遇します。

事前の机上作業の段階で、登記簿の確認をする際に、次のような土地をピックアップしましょう。

A　登記地目が宅地や雑種地の場合
・過去から所有し続けており相続や贈与などの親族間で名義変更が行われてきている
・昭和の時代に売買などで取得している

B　登記地目が田や畑などの場合
C　過去に分筆されている土地で、地番が○○番1のように枝番に若い番号が振られている。

　このような土地は、縄伸びや縄縮みのように、実面積と登記面積にズレが生じている可能性がありますので、現地確認の際には、より注意が必要となります。

　実例として【1.公図】を参照して下さい。155-1の土地と154-3の土地では、155-1の土地の方が広く見えます。

　【2.登記情報①と②】を参照して下さい。155-1の面積が17㎡、154-3の面積が85㎡と逆転しています。155-1の土地の評価に際して登記情報に記載の17㎡を基に評価を行った場合、その土地の正しい評価とはかけ離れてしまいます。現況に基づいて正しく評価を行うため、現地確認の際には、簡易測量が必要になる場面も多々あります。

【1.公図】

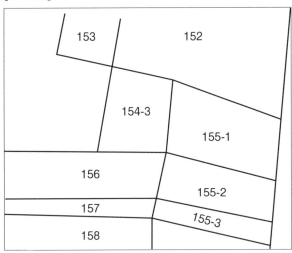

【2.登記情報①】

表題部（土地の表示）			調整 平成17年10月26日	不動産番号	
地図番号	余白		筆界特定	余白	
所在	A市				余白
① 地番	②地目		③ 地積 ㎡	原因及びその日付〔登記の日付〕	
155番	田		72：	余白	
余白	雑種地	余白	：	②昭和63年7月15日変更〔平成2年11月15日〕	
155番1	余白		17：：	①③155番1ないし3に分筆〔平成4年12月14日〕	
余白	余白	余白	：：	昭和63年法務省令第37号附則第2条第2項の規定により移記 平成17年10月26日	

【2.登記情報②】

表題部（土地の表示）			調整 平成17年10月26日	不動産番号	
地図番号	余白		筆界特定	余白	
所在	A市				余白
① 地番	②地目		③ 地積 ㎡	原因及びその日付〔登記の日付〕	
154番3	畑		85：：	154番1から分筆〔平成9年6月10日〕	
余白	雑種地	余白	：：	②平成10年4月日不詳変更〔平成11年4月13日〕	
余白	余白	余白	：：	昭和63年法務省令第37号附則第2条第2項の規定により移記 平成17年10月26日	

　昭和26年から、主に市区町村が主体となって、一筆ごとの土地の所有者、地番、地目を調査し、境界の位置と面積を測量する「地籍調査」が進められていますが、なかなか思うようには進んでいないようです。

　国土交通省のホームページ（http://www.chiseki.go.jp/situation/index.html）には、「調査開始から半世紀以上経った、平成27年度末時点において約半分の地域で調査が残っています。」と書かれています。

　次に、【2.登記情報③】を参照して下さい。297㎡であった畑が386㎡に変更されています。原因及びその日付欄に「国土調査による成果」とあります。地籍調査（国土調査の中の1つの調査）により面積の相違が判明したことにより面積の変更（地積更正）登記がされたものです。

地籍調査については国土交通省のホームページに「まんが地籍調査」が掲載されていますので、参考としてください。
http://www.chiseki.go.jp/about/manga/index.html

【2．登記情報③】

表　題　部　（土地の表示）		調整 平成18年2月14日		不動産番号	
地図番号	余白	筆界特定	余白		
所　在	A市			余白	
①　地　番	②地　目	③　地　積　㎡		原因及びその日付〔登記の日付〕	
○○○○番	畑		297：	余白	
余白	雑種地	余白	： ：	管轄転属により登記 平成18年2月14日	
余白	余白	余白	386： ： ：	③錯誤 国土調査による成果 〔平成22年3月23日〕	

税理士法第33条の2の添付書面の記載例

1 「縄伸び」の事例

・K市○○116番1【畑】

　路線価地域の畑。市街地農地として自用地評価。

　公簿及び固定資産税の課税地積は330㎡であるが現地確認の際、目視による面積は、前述の面積と乖離があるものと思われた。

　このため、簡易測量を行ったところ約400㎡(間口20m、奥行20m)であった。

　当該申告に際しては、この簡易測量に基づく面積により評価した。

2 「縄縮み」の事例

・H市○○字○○○117番1【駐車場】

　市街化地域の雑種地(貸し駐車場)。自用地評価。

　登記簿地積は330㎡であるが、固定資産税の課税地積は140㎡である。

　H市役所資産税課に確認したところ、H21年3月に被相続人立会いのもと、簡易測量を行い、現在の課税地積となった、との回答を得た。

　現地で測定したところ概ね固定資産税の課税地積通りの面積であることから、課税地積に基づき評価した。

11 縄伸びした土地の評価
～増えたと思ったら減っちゃった？～

≪西田君が土地の現地確認から帰ってきた≫

祐　子：西田さん、お帰りなさい。今日の現地確認はどうでした？

西　田：うん、ちょっと困ってて・・・。
　　　　登記簿では400㎡ってなっているのに、持参したメジャーで測ってみたら、実際は520㎡くらいありそうなんだ。
　　　　３割も面積が増えそうなんだよ。

祐　子：先日、所長に教わった「縄伸び」ってやつですね。

西　田：そうなんだよ。
　　　　「縄伸び」自体は、僕の責任じゃないけど、評価が３割も増えちゃうと、なんか責任感じちゃうんだよね。

祐　子：でも、仕方ないですよね。
　　　　西田さんが悪いわけじゃないんですから。
　　　　それで、お客さんには伝えたんですか？

西　田：うん。そうしたら、「近所の家が数年前に測量した時も、２～３割増えったって聞いていたから、この地域はそれくらい誤差っていうか縄伸びがあるのはわかっていたわ。」だって。

祐　子：それなら、良かったじゃないですか。
　　　　本人がわかっているなら、相続税の評価も、当然上がるって理解してもらいやすいですし。

西　田：それがさぁ～。
　　　　帰り際に「西田さん、土地の評価、できるだけ下げてくださ

　　　　　　いね。頼みますよ。」って言われてさ。
祐　子：困りましたね。
西　田：うーん、「縄伸び」しているのを気づかなかったことにして、登記の面積で評価しちゃうとか・・・。
祐　子：そういう訳にはいきませんよ。
　　　　それに、納税資金のために、その土地を売りに出すって話が出ているんじゃなかったんですか？
　　　　売りに出すときに正確な測量をしたら、3割「縄伸び」しているのもはっきりしちゃうし、大体、売るときは面積大きい方がいいじゃないですか。
西　田：そうだよねぇ・・・。
祐　子：あっ、所長が帰ってきました。
　　　　西田さん、所長に「縄伸び」の件、報告しないと！

≪高橋所長に報告した≫

所　長：そうか〜。それは困ったね。
　　　　でも、「縄伸び」しているなら仕方ないね。
　　　　ところで、その土地は、どのような地域にある土地なんだい？
西　田：駅から少し遠い、新興住宅地っていう感じのところです。
所　長：その地域の、1軒当たりの土地の大きさって、大体どのくらい？
西　田：そうですね。大体30坪、100㎡前後くらいだと思います。
所　長：なるほど。評価対象地はどのくらいの広さなの？
西　田：登記簿で400㎡です。
　　　　現地での簡易測量では520㎡くらいです。
所　長：戸建てに換算すると5軒分くらいかなぁ。
祐　子：所長！もしかして・・・？！

所　長：うん。広大地評価が使えるんじゃないかと思ってさ。

西　田：あ、なるほど〜！！

所　長：広大地評価の条件は覚えているかい？

祐　子：「広大地評価のフローチャート」ってありましたよね。
　　　　最初が「大規模工場用地に該当するか？」ですよね。

西　田：新興住宅地ですからね。
　　　　大規模工場用地には、見えませんでした。

祐　子：次は、たしか・・・。
　　　　「マンション適地か、または既にマンション等の敷地用地として開発が終わっているか？」ですよね。

西　田：容積率が300％以上の地域が「マンション適地」だから・・・
　　　　周囲にはマンションどころか３階建てだって見当たらなかったなぁ〜。

祐　子：次の条件が、「その地域における標準的な宅地に比べて、著しく面積が広大か？」ですね。

西　田：３大都市圏の市街化区域はおおむね500㎡以上が条件だったよね。
　　　　「縄伸び」があることがわかって520㎡だからOKかな？！

祐　子：その次が、「宅地として開発した場合に公共公益的施設用地、道路等が必要か？」でしたね。

西　田：現地は、目の前の道路部分の間口よりも奥行の方がだいぶあったから、５軒建てるとすれば、道路を敷地内に敷設しないと無理かなぁ。

所　長：「縄伸び」で面積が増えたことによって、広大地評価が適用できる可能性がでてきたってことだね。
　　　　実際に広大地評価を適用するには、今話したことなどをしっかり確認する必要があるね。

西　田：はい。「縄伸び」も含めて、まだ正確な確認は、これからで

　　　　　すから！
所　長：では、早急に相続人に会いに行こう。
　　　　売却の予定があるのであれば、早々に測量をする必要があるだろうし、急げば申告期限までに、売却時の区画割り図とかも間に合うかもしれないね。
祐　子：「縄伸び」がわかる前より面積は増えちゃいそうですけど、広大地評価が使えれば、最終的な評価額は減るかもしれませんね。
西　田：「増えた」けど「減る」。
　　　　なんか、ちょっと不思議な気がするけど「西田君、評価下げてね」って、言われたのが実現できるかも！

解説

　評価の現地確認などの過程で、この「縄伸び」事例に遭遇すると、未だにドキッとします。

　本文中の西田君のように「気付かなかったことにする・・・」ということはないにしても、クライアントに理解してもらうには、どのように説明すべきか、または、評価に際してどのような方法で、より正確な実面積を算定すべきかなどを慎重に考えなければなりません。

　今回の事例のように、近々売却の予定が見込まれるのであれば、売却の手続の一環としての測量を行ってもらうこともできますが、そうでない場合は、費用負担の問題その他を理解していただいて実面積の算定を行う必要があるからです。

　こうした場合は以下のような開発想定図を作成することになります。

【開発想定図の例】

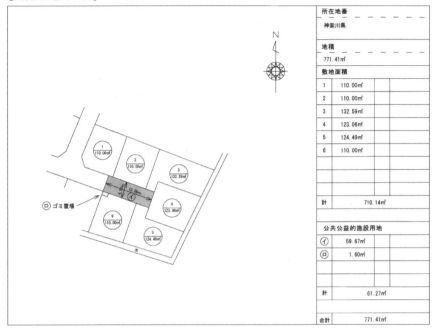

　今回の事例のように、「縄伸び」が確認されたことにより、評価面積は増大してしまいますが、広大地評価の適用ができれば大きな評価減額が期待できます。

　「縄伸び」がありそうな現地確認には、同時に「広大地評価適用」の可能性を想定して行うことが必要となります。

　ここで、広大地評価について触れておきます。

　財産評価基本通達24－4や平成17年6月17日付資産評価企画官情報第1号に掲載されたフローチャートから広大地評価のポイントは次の4つに大別されます。

　① 大規模工場用地に該当するか
　② マンション適地に該当するか
　③ その地域における標準的な宅地に比し著しく広大か

④ 開発行為を行う際に公共公益的施設用地の負担が必要か

この4項目を見る限りにおいては、広大地評価の要件は、非常に簡略化され、判定も安易にできるように思えますが、①大規模工場用地に該当するか以外は、非常に判断が難しいのが実情です。

広大地評価の適用・不適用では、評価額が大きく変動することから、適用に当たっては、細心の注意が必要となります。

当事例で、計算例を掲げると、以下の通りとなります。

【具体例】
A：縄伸びが確認される前の評価額
　　路線価30万円×400㎡＝1億2,000万円

B：縄伸び＆広大地による評価額
　　路線価30万円×(0.6－0.05×520㎡／1,000㎡)×520㎡
　　＝30万円×0.574×520㎡
　　＝8,954.4万円

C：評価差額
　　A－B＝3,045.6万円の減額

財産評価基本通達24－4(広大地の評価)
その地域における標準的な宅地の地積に比して著しく地積が広大な宅地で都市計画法第4条((定義))第12項に規定する開発行為(以下本項において「開発行為」という。)を行うとした場合に公共公益的施設用地の負担が必要と認められるもの(22－2((大規模工場用地))に定める大規模工場用地に該当するもの及び中高層の集合住宅等の敷地用地に適しているもの(その宅地について、経済的に最も合理的であると認められる開発行為が中高層の集合住宅等を建築することを目的とするものであると

認められるものをいう。）を除く。以下「広大地」という。）の価額は、原則として、次に掲げる区分に従い、それぞれ次により計算した金額によって評価する。

(1) その広大地が路線価地域に所在する場合

その広大地の面する路線の路線価に、15（（奥行価格補正））から20－5（（容積率の異なる2以上の地域にわたる宅地の評価））までの定めに代わるものとして次の算式により求めた広大地補正率を乗じて計算した価額にその広大地の地積を乗じて計算した金額

$$広大地補正率 = 0.6 - 0.05 \times \frac{広大地の地積}{1,000㎡}$$

(2) その広大地が倍率地域に所在する場合

その広大地が標準的な間口距離及び奥行距離を有する宅地であるとした場合の1㎡当たりの価額を14（（路線価））に定める路線価として、上記(1)に準じて計算した金額

(注)

1　本項本文に定める「公共公益的施設用地」とは、都市計画法第4条≪定義≫第14項に規定する道路、公園等の公共施設の用に供される土地及び都市計画法施行令（昭和44年政令第158号）第27条に掲げる教育施設、医療施設等の公益的施設の用に供される土地（その他これらに準ずる施設で、開発行為の許可を受けるために必要とされる施設の用に供される土地を含む。）をいうものとする。

2　本項(1)の「その広大地の面する路線の路線価」は、その路線が2以上ある場合には、原則として、その広大地が面する路線の路線価のうち最も高いものとする。

3　本項によって評価する広大地は、5,000㎡以下の地積のものとする。したがって、広大地補正率は0.35が下限となることに留意する。

4　本項(1)又は(2)により計算した価額が、その広大地を11（（評価の方式））から21－2（（倍率方式による評価））まで及び24－6（（セットバックを必要とする宅地の評価））の定めにより評価した価額を上

回る場合には、その広大地の価額は11から21-2まで及び24-6の定めによって評価することに留意する。

広大地評価フローチャート

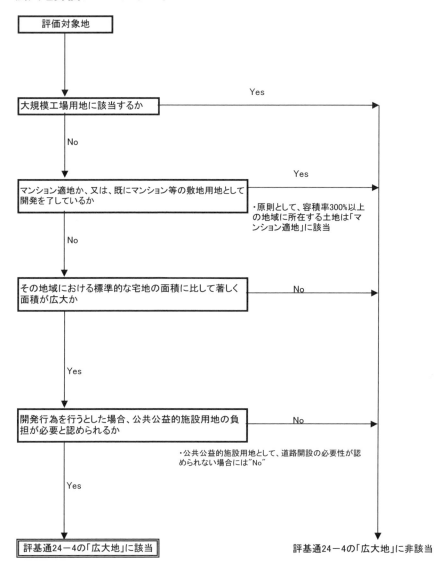

税理士法第33条の2の添付書面の記載例

1　広大地評価

・T町○○字○○246番1ほか【田】

　路線価地域の田。自用地評価。

　地積が1,000㎡を超えており、この地域の標準的な宅地に比して著しく地積が広大である。このため都市計画法に規定する開発行為を行うとした場合に、公共公益的施設用地として相当規模の負担が必要と見込まれる。

　また、容積率が200％以下の地域であり、いわゆるマンション適地に該当しないなど財産評価基本通達24－4の広大地に定める要件を満たしていると考えられることから、広大地補正を適用している。

2　広大地評価に該当しない場合

・S市○○122番【工場敷地】

　路線価地域に存する土地。

　Q社神奈川工場の敷地として相続開始日において賃貸契約中であることから、貸宅地として評価。

　1,000㎡を超える広大な土地であるが、「大工場地区」に存することなどから広大地評価の適用をしていない。

12 祭祀等に使われている土地の評価
～丁寧な紳士？～

《現地確認から帰ってきた2人を、高橋所長が出迎えた》

所　長：おっ、西田君、祐子ちゃん、お帰り。

祐　子：所長、ただいま帰りました。

所　長：お疲れさま。今日のお宅はどうだった？

西　田：被相続人のご自宅で、被相続人の奥様にお会いしてきました。
土地は、前面に道路があって、側方や裏面には道路はありませんし、ほぼ四角い土地でしたので、特に大きな評価減やその他の問題はないと思います。
今回は単純な宅地の評価で済みそうなので、一息入れたら評価明細書を作っちゃいます。

祐　子：今日のお宅はお庭が広くて、全面にきれいな芝生が植えてあったんです！
亡くなったご主人のご自慢のお庭だったそうですよ。

西　田：青々とした芝生に、真っ赤な鳥居のコントラストがすごく素敵でした。

所　長：真っ赤な鳥居？
お隣に神社でもあるのかな？

西　田：違いますよ、所長。
きれいな芝生の庭の奥に、真っ赤な鳥居とお稲荷さんの小さなお社(やしろ)がお祀りしてあるんです。

祐　子：ご夫婦で、毎朝お参りをされていたようですよ。

所　長：二人とも、お気に入りの庭になったようだね。
　　　　ところで、君たちは「テイナイシンシ」って言葉を聞いたことがあるかい？

西　田：「丁寧な紳士」の略ですか？

祐　子：？？

所　長：その様子だと、聞いたことがないようだね。
　　　　「丁寧な紳士」ではなく「庭内神し」というんだよ。
　　　　庭や、敷地内にあるお社（やしろ）や祠（ほこら）等といった、日常の礼拝の用に供しているものをいうんだ。

西　田：毎朝お参りしていたって仰っていたので、まさにその「庭内神し」って呼んでいいですね。

祐　子：所長、その「庭内神し」だと、もしかして・・・？

所　長：祐子ちゃん。何かに気付いたみたいだね。

祐　子：相続税の参考書に、確か墓所や霊廟、仏壇などは「非課税」・・・って書いてあったような気がします。

所　長：よく勉強しているね。
　　　　昔は、「庭内神し」と「お墓や仏壇など」とは扱いが違ったんだが、平成24年に東京高裁の判決がでて、国税庁から

> 「『庭内神し』の敷地等に係る相続税法第12条第1項第2号の相続税の非課税規定の取扱いの変更」が公表されたんだ。
>
> **西　田**：なるほどっ！あのお社の敷地部分は「非課税」になるんですね？
>
> **所　長**：その可能性があるね。もう一度、お宅を訪問して、現地を見せてもらうことにしよう。

解説

相続税法第12条には非課税財産について記載されています。

同条5号、6号には生命保険や退職金に関する非課税が掲げられていますが、この2つの非課税財産を除けば、実務で遭遇する非課税財産とは同条2号に規定される「墓所、霊びょう及び祭具並びにこれらに準ずるもの」になります。

相続税法基本通達12－1を基に、一般的に、「墓所、霊びょう及び祭具」とは、お墓や仏壇、仏具などを指すことは周知の事実です。

また、同法12条の後段に書かれている「並びにこれらに準ずるもの」については、同通達12－2に「庭内神し、神たな、神体、神具、仏壇、位はい、仏像仏具、古墳等で日常礼拝の用に供しているものをいうのであるが、商品、骨とう品又は投資の対象として所有するものはこれに含まれないものとする。」と掲げられていたことから、「庭内神祠（し）」という言葉は、以前から通達にも登場していたものです。

祠（ほこら、やしろ）などの構造物等は、「準ずるもの」として非課税であったのですが、祠の敷地部分が非課税であるかが、この判例において明確にされました。

東京高裁の判決文には、「本件祠のみが存在しているわけではなく、その附属設備として石造りの鳥居や参道が設置され、砂利が敷き詰められるなど、外形上小さな神社の境内地の様相を呈しており、（中略）その

機能上、本件各祠、附属設備及び本件敷地といった空間全体を使用して日常礼拝が行われているといえる」との記載があります。

これにより、祠や社の敷地部分のみならず、鳥居や参道部分も非課税の対象となる場合がある旨が、書かれています。

実務での「庭内神し」は、自宅敷地内などの片隅に存在することが多いと思われます。

これらの場合、登記簿や固定資産税の課税明細書などの記載は、自宅敷地の全体面積の記載となっており、「庭内神し」部分の面積は、相続税申告の評価手続の中において、自ら算出する必要があります。

前述のとおり「庭内神し」の面積の算出に際しては、その「祠や社」などの敷地部分のみならず、「その日常礼拝の空間全体(鳥居などから参道状となった部分を含めた)面積」を算出することとなります。

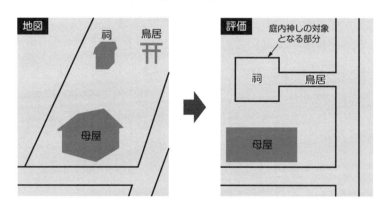

この庭内神しが存在するか否かは、現地確認の際に敷地内をしっかり確認し、相続人等から、その存在を聞き出すことが必要となります。

またその面積の算定においては、別項(「旗竿地」や「建築基準法の道路」など)に記載し、間口が2ｍ等での算出ではなく「その日常礼拝の空間全体」としての面積の算定となることに注意してください。

なお、敷地内にある道祖神も庭内神しの扱いとなります。

12 祭祀等に使われている土地の評価   97

相続税法第12条（相続税の非課税財産）
　次に掲げる財産の価額は、相続税の課税価格に算入しない。
一　皇室経済法（昭和22年法律第4号）第7条（皇位に伴う由緒ある物）の規定により皇位とともに皇嗣が受けた物
二　墓所、霊びよう及び祭具並びにこれらに準ずるもの
三　宗教、慈善、学術その他公益を目的とする事業を行う者で政令で定めるものが相続又は遺贈により取得した財産で当該公益を目的とする事業の用に供することが確実なもの
（以降　省略）

相続税法基本通達
12－1（「墓所、霊びょう」の意義）
　法第12条第1項第2号に規定する「墓所、霊びょう」には、墓地、墓石及びおたまやのようなもののほか、これらのものの尊厳の維持に要する土地その他の物件をも含むものとして取り扱うものとする。

12-2（祭具の範囲）

法第12条第1項第2号に規定する「これらに準ずるもの」とは、庭内神し、神たな、神体、神具、仏壇、位はい、仏像、仏具、古墳等で日常礼拝の用に供しているものをいうのであるが、商品、骨とう品又は投資の対象として所有するものはこれに含まれないものとする。

平成24年7月　国税庁

「庭内神し」の敷地等に係る相続税法第12条第1項第2号の相続税の非課税規定の取扱いの変更について

○　「庭内神し」の敷地については、「庭内神し」とその敷地とは別個のものであり、相続税法第12条第1項第2号の相続税の非課税規定の適用対象とはならないものと取り扱ってきました。しかし、①「庭内神し」の設備とその敷地、附属設備との位置関係やその設備の敷地への定着性その他それらの現況等といった外形や、②その設備及びその附属設備等の建立の経緯・目的、③現在の礼拝の態様等も踏まえた上でのその設備及び附属設備等の機能の面から、その設備と社会通念上一体の物として日常礼拝の対象とされているといってよい程度に密接不可分の関係にある相当範囲の敷地や附属設備である場合には、その敷地及び附属設備は、その設備と一体の物として相続税法第12条第1項第2号の相続税の非課税規定の適用対象となるものとして取り扱うことに改めました。

（注）「庭内神し」とは、一般に、屋敷内にある神の社や祠等といったご神体を祀り日常礼拝の用に供しているものをいい、ご神体とは不動尊、地蔵尊、道祖神、庚申塔、稲荷等で特定の者又は地域住民等の信仰の対象とされているものをいいます。

事件番号　：平成22(行ウ)494
事件名　　：相続税構成処分取り消等請求事件
裁判年月日：平成24年6月21日
裁判所名：東京地方裁判所

【判事事項】
弁財天及び稲荷を祀った各祠の敷地部分が，相続税法12条1項2号所定の非課税財産に当たらないとしてされた相続税の更正処分が，違法とされた事例

【裁判要旨】
弁財天及び稲荷を祀った各祠の敷地部分が，相続税法12条1項2号所定の非課税財産に当たらないとしてされた相続税の更正処分につき，前記各祠は庭内神しに該当し，同号にいう「これらに準ずるもの」に当たるところ，庭内神しとその敷地とは別個のものであり，庭内神しの移設可能性も考慮すれば，敷地が当然に同号の「これらに準ずるもの」に含まれるということはできないが，祖先祭祀，祭具承継といった伝統的感情的行事を尊重し，これらの物を日常礼拝の対象としている民俗又は国民感情に配慮するという同号の趣旨，並びに，「墓所」及び「霊びょう」にはこれらのものの尊厳の維持に要する土地その他の物件を含むものと解されること等に鑑みれば，庭内神しの敷地のように庭内神し等の設備そのものとは別個のものであっても，そのことのみを理由としてこれを一律に「これらに準ずるもの」から排除するのは相当ではなく，当該設備とその敷地，附属設備との位置関係や当該設備の敷地への定着性その他それらの現況等といった外形や，当該設備及びその附属設備等の建立の経緯，目的，現在の礼拝の態様等も踏まえた上での当該設備及び附属設備等の機能の面から，当該設備と社会通念上一体の物として日常礼拝の対象とされているといってよい程度に密接不可分の関係にある相当範囲の敷地や附属設備も当該設備と一体の物として「これらに準ずるもの」

に含まれるものと解すべきであるとした上で，前記各祠及び前記敷地部分の外形及び機能に鑑みると，前記敷地部分は前記各祠と社会通念上一体の物として日常礼拝の対象とされているといってよい程度に密接不可分の関係にある相当範囲の敷地ということができ，前記敷地部分は同号にいう「これらに準ずるもの」に当たるとして，前記処分を違法とした。

税理士法第33条の2の添付書面の記載例

・K市○○町321番の一部【庭内神し】
　当家代々において日常礼拝の対象として信仰してきたお稲荷さんが祀られたお社と鳥居が自宅敷地内の庭の北東部に存している。
　登記上、自宅と一体の敷地内であることから、現地臨場にて、その信仰の対象となる空間としての施設の面積を○○㎡と算定した。この施設については、相続税法第12条第1項第2号に規定する非課税財産に該当することから相続税申告書第11表においては0円と表示した。

13 10％の評価減ができるケース①
～道路との高低差～

今日は、高橋会計事務所の所内研修。

所　長：今日は、土地の評価について少し勉強してみよう。
　　　　題材は「著しく利用価値の低下している宅地の評価方法」だ。

祐　子：何らかの問題を抱えた土地は、評価を下げても構わないっていう評価方法ですね。

所　長：そうだね。
　　　　「問題を抱えていない付近の土地に比べて著しく利用価値が低い」ということは、相続税評価にも、影響があるという事だね。

西　田：「道路より高低差のある土地は10％減額ができる」のであれば、ドンドン使っちゃいましょうよ。

所　長：西田君、そんなに簡単に考えちゃいけないよ。
　　　　ただ単純に道路との高低差があれば10％の減額ができるわけではないんだ。

西　田：え～、そうなんですか？・・・残念！

所　長：国税庁HPのタックスアンサーにいくつかのキーワードがあるので分析してみよう。
　　　　a）付近にある他の宅地の利用状況からみて
　　　　b）著しく利用価値が低下（著しい高低差、甚だしい凸凹、甚だしい振動）
　　　　c）利用価値が低下していると認められる部分の面積に対応する価額

d）路線価又は倍率が、利用価値の著しく低下している状況を考慮して付されている場合にはしんしゃくしません

祐　子：aの「付近にある他の宅地」って、どのくらいの範囲なんでしょうか？

所　長：確かに曖昧な表現だね。ヒントはdの文書にあるのではないかな。

西　田：dの文章ってことは、「路線価又は倍率が・・・低下している状況を考慮して」ってことですね

祐　子：向こう3軒両隣・・・みたいなことでしょうか？

所　長：イメージとしてそうなのかもしれないね。
例えば路線価地域の土地の評価であれば、その道路に付されている「路線価」を基に計算することになるわけだから、「付近にある宅地」の最小単位は、「同一（矢線）の路線価に接する土地」と言えるのだろうね。ただ、「同一（矢線）の路線価に接する土地」に限定しているのであれば、この文章に、そのように記載されているはずなので、必ずしも「同一（矢線）」の路線価に接しているものだけが、「付近の宅地」というわけではないので注意しよう。

祐　子：なんとなくわかりました。「同一路線価」を基本に「付近」の宅地と比べてみるということですね！

西　田：「著しい」とか「甚だしい」って言葉も曖昧ですね。

所　長：そうだね。まずは、常識的に考えてみよう。評価対象地は道路から50cmの高く、お隣の土地は75cm高かったとする。この差は「著しい」高低差になるかな？

西　田：差はあるけど「著しい」とは言わないと思います。

所　長：それじゃ、評価対象地と道路との高低差が5mあり、向こう3軒両隣のお宅も高低差が5mあったらどうかな？

西　田：5mは、すごい高低差だから、「著しい」になるんじゃない

かな？
祐　子：ご近所がみんな5mくらいの高低差であればその地域の「普通の宅地」とか「一般的な宅地」になるのではないですか？
西　田：なるほど。付近と比べるのを忘れてた。
所　長：では次だ。
評価対象地と同じ並びにある宅地は、道路面より5m高い。しかし、真向いの宅地と同じ並びにある宅地は、同じ道路に接しているが高低差がない。
この場合はどうだろう？
祐　子：真向いの「付近の宅地」に比べると「著しい高低差」と言ってもいいと思います。
所　長：そうだね。原則として、宅地の評価は平坦地。
道路との高低差のない宅地を前提に評価することになる。
このため、「著しい」高低差がある場合は、減額することができるわけだ。
西　田：なるほどっ！
所　長：では、次だ。
評価対象地も、その向こう3軒両隣ともに5mの高低差がある。しかし、その道路が坂道になっていたとしよう。
坂を下って行った100m先まで同一の路線価が伸びていて、その100m先の宅地は道路と高低差がないとする。
この場合はどうだろう？
西　田：100m先を付近っていうのかなぁ？
祐　子：そうですね。
でも、同一の路線価が伸びているということから、その宅地を付近と言えるのであれば、「付近の宅地と著しい高低差」になるのではないでしょうか？
所　長：そうだね。「同一の路線」の長さに決まりがない以上、わざわざ同一の路線を伸ばしてるということは「同一の地域」、

つまりは付近と言えるのだと思うよ。
西　田：所長が「言えるのだと思うよ」なんて曖昧な言い方されちゃうと、なんか自信なくなっちゃいますよ。
所　長：すまん。すまん。
　　　　でもね、土地というものは、似ているものはあっても同じ物はないんだ。だから、「間違いなく○○である」と言い切れることは少ない。
西　田：そうかぁ。
所　長：同じ土地がない以上、やはり現地を見ないと評価はできないよね。
西　田：更に「向こう３軒両隣も見てくる」ってことですね。
所　長：そうだね。
　　　　対象地の「付近」と言われる土地がどこまでとなるのか。
　　　　また、その「付近の宅地」に比べて、評価対象地に「著しい・甚だしい」問題点がないか。目や鼻、耳や口、全身や五感を使って感じなければ、土地の評価はできないよ。
祐　子：五感ですか？
所　長：そうだよ。
　　　　目で「高低差」などを見るだけではなく、鼻で「臭気」を感じ取ったり、「騒音」を耳で感じ取ったり、「振動」を体全体で感じ取る必要があるね。また、口は口を使って質問するってことだよ。
西　田：質問？　誰に・・・ですか？
所　長：まずは、クライアントだね。
　　　　その土地の取得の経緯や、過去に洪水で水浸しになったことがあるとか。あとは、市区町村の役場かな。
祐　子：そういえば、わたし、気付いたことがあるんですけど。
西　田：えっ、なに？

祐 子：以前、所長と現地確認に行ったときに、所長は少し早めに事務所を出て、現地の近くを歩き回ったり、違う場所に車を止めて地図を見たりしていたんですよね。それって、道に迷ったのかと思っていたんですが・・・。違ったんですね。

所 長：まっ、たまには、本当に道に迷うこともあるけど（笑）。ほとんどの場合は「付近」や「周辺」の街並みや騒音、臭いなど、いろんなことを自分なりに感じ取るために、早目に行って近所をウロウロしているんだよ。
毎回ではないけど、行きの道と帰りの道は、わざと変えて帰ってくることもあるよ。

西 田：なるほど〜。五感をフル活用して評価に反映させるんですね！

解説

土地の評価は千差万別であり同じ土地はありません。

特に今回取り上げた「利用価値が著しく低下している宅地の評価」に代表されるように、「その土地そのものの状況」のみならず、「付近にある他の土地と比較」してみて、「利用価値が著しく低下していると認められる」か否かを判定する場面は度々出てきます。

土地の現地確認は、「その土地を見に行って、写真を撮ってくる」だけではなく、「その土地が内包している問題点や特殊事情をなどの減価要因を見つけに行く」ことが目的です。

財産評価基本通達では、土地の評価に当たって、路線価以上に評価する加算要素は、側方路線や裏面の路線の加算のみであり、その他はすべて減価要因となるからです。

もし、自分がその土地を買うとした場合、「本当にその値段で買っていいのか（その価値があるのか？）？」「後に何か問題が起きたら嫌だから、

その土地の事をよく調べておこう！」「もし、なにか問題を見つけたら10％くらいは値切ろう！」などと考えるわけです。こうした気持ちと同じように現地を確認する必要があるのだと思います。

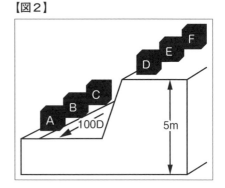

【路線価図1】

【図1】

【図2】

【図2】の場合はABCの土地を基準に付された路線価が100Dと見込まれることから、DEFの土地に関する高低差が反映されていない（減価要因）と思われます。

例えば【路線価図1】のような土地があるとします。現地に出向いてみると【図1】のように、その地域全体が路線価の付された道より高い位置に土地があります。このため路線価100Dは既にこの高低差を反映して付されているものと思われます。

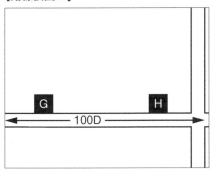
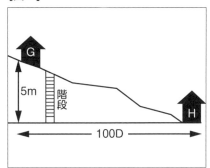

　また【路線価図2】のような土地があったとします。G地とH地では同一の路線価100Dが付されていますが現状は【図3】のように高低差のある場合があります。この場合、100DはH地を基準に付された路線価であることが想定されることから、G地の評価に際しては高低差の考慮をする必要があると思われます。

　私の事務所で土地の評価を行う場合は、原則としてすべての土地で、この10％減を想定して現地確認を行うように職員に指示しています。

　一生懸命に確認しても、どうしても減価要因の見つけられない土地のみが、残念ながら通常の評価に戻る。という覚悟で評価を行っています。

　土地の現地確認を行う際は、「本当にこの土地、大丈夫？？」と心の中で思い（つぶやき）ながら減額要因を見つけ（出して）ください。

国税庁タックスアンサーNo.4617 〈平成4・5・12評価官情報第2号〉
利用価値が著しく低下している宅地の評価［平成27年4月1日現在法令等］

　次のようにその利用価値が付近にある他の宅地の利用状況からみて、著しく低下していると認められるものの価額は、その宅地について利用価値が低下していないものとして評価した場合の価額から、利用価値が低下していると認められる部分の面積に対応する価額に10％を乗じて計算した金額を控除した価額によって評価することができます。
1　道路より高い位置にある宅地又は低い位置にある宅地で、その付近にある宅地に比べて著しく高低差のあるもの
2　地盤に甚だしい凹凸のある宅地
3　震動の甚だしい宅地
4　1から3までの宅地以外の宅地で、騒音、日照阻害（建築基準法第56条の2に定める日影時間を超える時間の日照阻害のあるものとします。）、臭気、忌み等により、その取引金額に影響を受けると認められるもの

　また、宅地比準方式によって評価する農地又は山林について、その農地又は山林を宅地に転用する場合において、造成費用を投下してもなお宅地としての利用価値が著しく低下していると認められる部分を有するものについても同様です。
　ただし、路線価又は倍率が、利用価値の著しく低下している状況を考慮して付されている場合にはしんしゃくしません。

【参考:正面道路と高低差のある土地】

税理士法第33条の2の添付書面の記載例

・M市○○町22番1【自宅敷地】
路線価地域に存する被相続人の居住用建物の敷地。
自宅北側のみ道路に接する1方路線の土地である。
　同一の路線に面する他の宅地は、この道路と高低差なしに接している。
　近隣の宅地同様、当該地も敷地北側の全面が道路と接してはるものの地形等から道路面と高低差が5m程度ある。
　付近にある他の宅地に比し、著しく利用価値が低下しているものと認められるため、国税庁タックスアンサーNo.4617（平成4・5・12評価官情報2号）に基づき評価した。

14 10％の評価減ができるケース②
～騒音と振動～

相続人のお宅から帰ってきた西田君が祐子ちゃんに話しかけた。

西　田：祐子ちゃん聞いてよ！今日行ってきたお宅のすぐ裏に線路があってさ、そこを電車が走っているんだ。
　　　　庭先を電車が走り抜けていくなんて、迫力満点だったよ！

祐　子：あら、西田さんって、鉄道マニアでしたっけ？

西　田：僕は鉄道マニアではないけど、亡くなったご主人は鉄道マニアだったらしいよ。
　　　　こんなにいい場所はない！って言っていたみたい。
　　　　僕もそう思うなぁ～。

祐　子：う～ん、相続人の方には申し訳ないけれど、電車の音や振動がすごいんじゃないですか？
　　　　もし、自分の住まいだとしたら、ちょっと嫌ですねぇ。

西　田：相続人の方も、同じ事を仰っていたよ。
　　　　相続の手続が済んだら、違う場所に引越したいって。

所　長：西田君帰っていたんだね。お帰り。

祐　子：所長！今日お邪魔したお宅の庭先を電車が走っていたって、西田さん、喜んでいるんですよ。

所　長：そうか。
　　　　でっ、その土地の評価はどうするんだい？

西　田：路線価地域の土地で、現地も見てきましたし、土地の測量図もあるし、今日中に評価明細を作っちゃいます！

所　長：今日中に？
　　　　それは頼もしいね。
　　　　ところで、振動や騒音はなかったのかい？

西　田：もちろん、ありますよ。
　　　　それが電車の迫力を増して、臨場感たっぷりなんですよ〜。

所　長：いや、臨場感や迫力の話ではなくて・・・。
　　　　評価の際の減価要因にならないのか？ってことだよ。

西　田：減価要因？

所　長：今回評価する土地は、「振動」や「騒音」を、感じたんだろう？周辺の土地よりも「振動」や「騒音」などがある土地は、10％評価減して良いとなっている。
　　　　ただし、その減価要因が路線価や固定資産税評価額に反映されているなら、評価減できないから、気を付けないとね。

祐　子：でも、「うるさい」とか「振動」って、人によって感じ方が違うのに、なにを基準に判断すればいいのですか？

所　長：そうだね。
　　　　なんらかの基準がないと判断できないね。
　　　　一般的に「うるさく感じる音というのは、60dbは超えている」ということになるから・・・。
西　田：線路から20mくらいの場所までなら、減価要因があるってことですね。
所　長：そうなるね。その場所の路線価図を見せてごらん。
西　田：これが路線価図です。

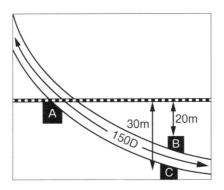

所　長：この路線価図で「評価対象地Ａ」の路線価と「Ａ地から少し離れたＢ地」「Ｂ地の向かい側のＣ地」を比べてごらん。
祐　子：Ａ地は線路際の土地で、Ｂ地は線路から20m以上離れているように思います。
西　田：Ｃ地も道路から20mは離れていそうだけど、線路際ではないというだけで、Ａ地とは、そんなに違った土地ではないと思います。
所　長：そうだね。
　　　　同じ路線価に接する土地で、Ａ地だけが騒音や振動が著しいと思われるね。
　　　　では、もし、君たちがこのＡ、Ｂ、Ｃ地のどれかに住むとしたらどれを選ぶ？

祐　子：わたしなら、A地以外を選びます。
所　長：つまり、A、B、C地は、「同一の路線価」、「同一の地域」に存在するわけだから、この路線価は「振動及び騒音の要因を斟酌して評定されていない」と考えられるね。
西　田：なるほどっ！
　　　　ということは、今回のA地の評価には、この10％の評価減を適用できそうですね！

解説

　土地の評価を財産評価基本通達に基づいて行う場合、同通達に記載されている土地の減価要因の一例として騒音が掲げられています。

　日常生活での一般的な騒音レベルとは、一般的に下記のように区分されると言われています。

140db	ジェットエンジンの近く
120db	近くの雷鳴
100db	電車が通るときのガードの下
80db	地下鉄の車内
70db	騒々しい街頭
60db	静かな乗用車・普通の会話
50db	静かな事務所やクーラー（屋外機、始動時）

　騒音については、個々、人々の感じ方が違う場合があるため、一概には語れないことから環境基本法や環境省の「騒音に係る環境基準について」や「騒音対策の指針」などを参考に個別的に判断を行う必要がありますが、これらの基準や指針にににおいては60dbを超えるものを騒音としています。

　また、この騒音の測定方法については後述の「騒音に係る環境基準の

「評価マニュアル」における「測定器の機器について」にも記載されていますが、実務としての相続税の土地の評価に際しては、まず、簡易的な判定として前述の60dbを超えている騒音であるか否かの確認が必要となります。

最近はスマートフォンで「アプリ 騒音計」「アプリ サウンドメーター」などと検索すると無料のアプリをいくつも見つけることができます。

また、後述の環境省推奨の機器ではなくとも、ネット通販などで「騒音計」などが1,000円台から購入できるようです。

私の事務所でも、スマートフォンのアプリと安価な騒音計の2種類で同時測定を行い、評価の基礎データとして活用しています。

騒音に関する土地の減価は"付近の他の宅地の利用状況からみて、著しく利用価値が低下している"かどうかにより判断します。

評価対象地だけではなく、周辺の状況を含めた総合勘案により判断します。

別記の裁決事例(要旨)に掲げられているように、評価対象地以外の他の宅地での騒音レベルの測定や、近隣の不動産の取引事例など多角的な検討が必要となります。

「騒音に係る環境基準について」(抜粋)

(環境省HP　http://www.env.go.jp/kijun/oto1-1.html)

環境基本法(平成5年法律第91号)第16条第1項の規定に基づく騒音に係る環境基準について次のとおり告示する。

環境基本法第16条第1項の規定に基づく、騒音に係る環境上の条件について生活環境を保全し、人の健康の保護に資する上で維持されることが望ましい基準(以下「環境基準」という。)は、別に定めるところによるほか、次のとおりとする。

第1　環境基準

1　環境基準は、地域の類型及び時間の区分ごとに次表の基準値の欄に掲げるとおりとし、各類型を当てはめる地域は、都道府県知事(市の区域内の地域については、市長。)が指定する。

地域の類型	基準値	
	昼間	夜間
ＡＡ	50デシベル以下	40デシベル以下
A及びB	55デシベル以下	45デシベル以下
C	60デシベル以下	50デシベル以下

(注)
1　時間の区分は、昼間を午前6時から午後10時までの間とし、夜間を午後10時から翌日の午前6時までの間とする。
2　ＡＡを当てはめる地域は、療養施設、社会福祉施設等が集合して設置される地域など特に静穏を要する地域とする。
3　Aを当てはめる地域は、専ら住居の用に供される地域とする。
4　Bを当てはめる地域は、主として住居の用に供される地域とする。
5　Cを当てはめる地域は、相当数の住居と併せて商業、工業等の用に供される地域とする。

14 10％の評価減ができるケース②　117

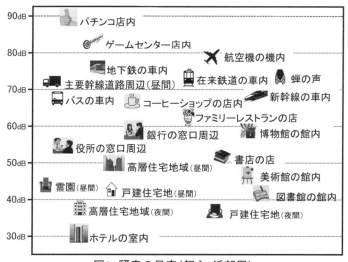

図1　騒音の目安（都心・近郊用）
（出典「全国環境研協議会　騒音小委員会」）

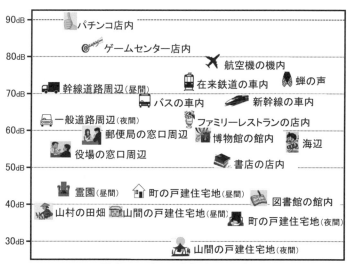

図2　騒音の目安（地方都市・山村部用）
（出典「全国環境研協議会　騒音小委員会」）

騒音に係る環境基準の評価マニュアル（環境省　平成27年10月　抜粋）

測定機器について

　測定には、計量法第71条の条件に合格し、JIS C 1509－1の仕様に適合する騒音計（サウンドレベルメータ）を用いる。

　JIS C 1509－1に適合する騒音計が使用できない場合、JIS C 1502又はJIS C 1505に適合する騒音計を使用してもよい。騒音計の更新や新規購入時には、JIS C1509－1に適合する機種を選定する。

裁決事例（要旨）　国税不服審判所 東京支部

鉄道沿線の土地について、

① 　評価計算に採用された路線価が電車走行による振動及び騒音の要因を斟酌して評定されていないこと、

② 　鉄道沿線から20m範囲内では電車走行による騒音及び振動が環境省の騒音対策における指針である60デシベルを超えていること、

③ 　同地区に存する分譲地における分譲価額に開差が10％を超える取引事例が存在することからして、資産評価企画官情報による著しく利用価値の低下している宅地として、鉄道から20mの範囲内の部分について、その相続税評価額から10％を減額するのが相当である。

（平15.11.4東裁（諸）平15－95）

裁決事例（要旨）　国税不服審判所 関東信越支部

○　請求人は、本件各土地が鉄道高架に隣接しているため鉄道騒音等の減価要因があることから、本件各土地の評価額から10％を減額すべきである旨主張する。しかしながら、路線価は、売買実例価額、公示価格、不動産鑑定士等による鑑定評価額、精通者意見価格等を基として国税局長がその路線ごとに評定した価額であるから、土地の取引価額に影響を与えると認められる鉄道騒音、震動、日照阻害等の環境要因については、基本的には、評定の基となる上記各価格等に反映されており、路線価は、価額に影響を与える環境要因を加味した結果となる。したがって、普通住宅地区にある宅地で、騒音等により利用価値が低下している場合に10％の減額をしても差し支えないとする課税実務上の取扱いは、騒音等によって、その土地の利用価値を低下させる程度が付近の宅地に比べて著しい場合で、取引価額に影響を与えていることが明らかなときに限り適用が認められるべきである。この点について、本件各土地の路線価が鉄道騒音等を加味して付されたもので、更にしんしゃくをする必要があるか否かを、売買実例を基に検討したところ、本件各土地の路線価は、鉄道騒音等の環境要因を加味して付されており、更にしんしゃくしなければならないほど本件各土地の利用価値が落ちているとは認められないことから、本件各土地の評価額から更に10％の減額をする必要はなく、請求人の主張は採用できない。

(平22.3.25 関裁(諸)平21－94)

裁決事例(要旨)　国税不服審判所 東京支部

○　課税実務上、騒音、日照阻害、臭気等により、その取引金額に影響を受けると認められる宅地のように、その利用価値が、付近にある他の宅地の利用状況から見て著しく低下していると認められる宅地の価額は、その利用価値の低下していないものとして評価した場合の価額から、利用価値が低下していると認められる部分の面積に対応する価額に10％を乗じて計算した金額を控除した価額によって評価して差し支えない旨取り扱われており、この取扱いは、上記のような状況にある宅地とそうでない宅地を比較して、そのような状況にある宅地の価値に減価が生じていることを考慮する趣旨からして相当と認められる。

　本件土地の接面する道路は、固定資産税の宅地の評価においても、騒音、振動に係る補正(減価)を行う幹線道路に該当することから、本件土地の相続税評価額の算定に当たっては、上記の著しく利用価値の低下が認められる場合の取扱いの例による減価をするのが相当である。

(平19.12.14 東裁(諸)平19－85)

税理士法第33条の2の添付書面の記載例

・M市○○字○○23番1【畑】
　路線価地域の畑。自用地評価。
　当該地はJR○○線の線路の敷地に面しており、騒音・震動の甚だ著しい土地である。平成4・5・12評価官情報第2号(タックスアンサーNo.4617)に基づき評価した。

15 10％の評価減ができるケース③
～墓地が見える～

《現地にて》

西　田：よーし。
　　　　評価対象の現地も見終わったし、祐子ちゃん、事務所に戻ろうか？

祐　子：そうですね。
　　　　あれ？目の前の家、ずいぶん長い塀で囲まれていますね。
　　　　これって、一般のお宅ではなく、お寺の敷地じゃないですか？

西　田：そうかも？
　　　　塀で囲まれてて中が見えないから気付かなかったけど・・・。
　　　　そう言えばお線香の匂いがするような気がする。

祐　子：西田さん、地図を持ってきてなかったですか？

西　田：付近の地図なら持っているよ。
　　　　見てみようか・・・。
　　　　祐子ちゃん正解！お寺だ。お寺の敷地だよ。

祐　子：西田さん！もう一度、評価する土地に戻ってみましょうよ。

西　田：えっ、また戻るの？

祐　子：はい。10％の減額ができるんじゃないかと思いまして。

西　田：著しく利用価値の低下した土地ってこと？
　　　　お線香の匂いで減額？

祐　子：臭いではなくて、この塀の向こう側って「お墓」なのではないかと。

西　田：そうか、お墓かぁ。塀によじ登って中を確認するわけにいか

　　　　　　ないからね。
祐　子：さ、もう一度よく見てみましょうよ。

西　田：さっきは、評価をする土地ばかりに気を取られてたけど、こ
　　　　こからだとお寺の本堂の屋根も見えるね。気が付かなかっ
　　　　た。
祐　子：そうですね。
　　　　この場所からだと、墓石の一部も見えますね。
西　田：墓地に隣接する土地かぁ。
　　　　お隣はお寺の敷地、というだけではなく、墓地の敷地でも
　　　　あったんだね。

解説

墓地に隣接する土地などは、いわゆる忌地として減額ができる場合があります。

隣接地が墓地であれば評価減の対象となると思われますが、単純に「近くに墓地がある」というだけでは、必ずしも評価減の対象となるとは限りません。

例えば次のような場合は評価減を検討する必要があると思われます。

① 墓地に隣接している。
② 墓地に直接接してはいないが、極めて近隣。
③ 対象地から墓地(墓石)が見えてしまう。
④ 墓地は塀に囲まれていることから、1階からは見えないが、2階からは見える。
⑤ 現在は更地であるが、建物を建築した場合などに墓地が見える可能性が大きい。
⑥ 対象地に向かうためには、墓地に隣接する道路を通らざるを得ない。

などです。

要は、その土地を第三者が購入しようとした場合に、明らかに取引価額に影響を及ぼす可能性が大きい土地については、減価要因の有無を検討する必要があります。

"付近の他の宅地の利用状況からみて、著しく利用価値が低下している"かどうかを判断するには、対象地だけではなく、周辺の状況を含めた総合勘案により判断することが必要です。

その他の想定事例としては、

① ごみの焼却施設が近隣にあり、大量のごみが持ち込まれることによる悪臭や大型トラックの通行、焼却処理に伴う煙など

②　葬儀社や斎場などが近隣にあり、大勢の参列者が連日行き交う、列をなすなど
③　近隣に死体安置所などの施設がある場合など

等があります。

現地確認の際は、評価対象地の周辺の状況にも配慮しながら、行う必要があります。

裁決事例（要旨）　国税不服審判所 沖縄事務所

○　原処分庁は、評価対象地は近傍宅地の利用状況と比較して利用価値が著しく低下しているとは認められない旨主張する。

　しかしながら、普通住宅地区にある宅地で、忌みによりその取引金額に影響を受けると認められるもののように、その利用価値が付近にある他の宅地の利用状況からみて著しく低下していると認められるものの価額は、その宅地について利用価値が低下していないものとして評価した場合の価額から、利用価値が低下していると認められる部分の面積に対応する価額に10％を乗じて計算した金額を控除した価額によって評価して差し支えない旨取り扱われており、また、宅地比準方式によって評価する農地についても同様に取り扱うこととされており、これらの取扱いは相当と認められるところ、評価対象地は造成後においても三方が墓地に囲まれており、当該取扱いに該当すると認められるから、原処分庁の主張には理由がない。

（平18.5.8沖裁（諸）平17－17）

税理士法第33条の2の添付書面の記載例

・I市○○字○○31番1【梨園】
　路線価地域の畑。自用地評価。
　当該地の北側は墓地に隣接しており、忌み等によりその取引金額に影響を受けると思われる。
　利用価値が著しく低下している土地(タックスアンサーNo.4617)に該当することから、通常の評価額から10％減額して評価している。

16 10％評価減の複数適用
～10％＋10％＝20％減？～

西　田：もうすぐ、評価対象地に到着します。

所　長：今日の評価対象地は、線路のそばの土地だったね。

祐　子：事前に見た地図では、線路に隣接した土地のようです。

西　田：以前の事例にあった「騒音」による10％の減額ができる可能性がありますよね。

祐　子：はい。騒音計もメジャーも持ってきました。

所　長：二人とも、準備は万端だね。

西　田：着きましたよ。予想通り、電車が通るとかなりの騒音ですね。

祐　子：それに「振動」もかなりあるように感じました。

西　田：近隣の他の土地とも比較する必要がありますが、感触としては「騒音や振動」により10％減ができそうですね。
　　　　所長がいつもいうように、現地で感じることが大切だって最近わかってきましたよ。
　　　　さて、近くの別の場所も「騒音計」で測って、事務所に戻りましょう。

祐　子：西田さん、ちょっと待って。
　　　　確かに「騒音」に関しては減額なんでしょうけど・・・。

所　長：祐子ちゃんは何か思うところがあるのかい？

祐　子：以前、線路に隣接している土地の評価の際に「騒音」に関して評価減を行いましたが、今回の土地の横にある線路って「高架」になってますよね。

西　田：「高架」だろうが「路面」だろうが、線路は線路だし、「騒

音」があることは同じなんだから、どちらでも構わないんじゃないのかな？

祐　子：そうなんですけど・・・。
　　　　この高架って7ｍくらいありますよね。
　　　　それに、景色というんでしょうか。自宅のすぐ裏に、こんな壁のような高架の柱があったら、少し嫌だなと思って・・・。
　　　　景色以外にも、日当たりが悪そうで、洗濯物も乾かない気がするんです。
　　　　騒音がないと仮定した場合で、もし、私が同じ単価で買うとすれば、この土地ではなく、道路の反対側の土地を買いたいなぁ〜って思います。

西　田：そうかもしれないけど、「騒音」で10％の減額をする予定なんだから、景色や日当たりまで・・・
　　　　考えすぎじゃないのかなぁ。

祐　子：所長。10％の減価って、一つしか考慮してはいけないんでしょうか？

解説

　「土地には同じものがない」と言われる以上、ある土地は減価要因が1つであっても、他の土地では減価要因に該当するものが5個も10個もあるかもしれません。

　では、仮に減価要因が5個あれば50％減、10個あれば100％減、12個あれば120％減（マイナス評価）となるのでしょうか？

　108ページ記載の国税庁タックスアンサーなどを見る限りにおいて、減価要因は1つのみしか考慮してはならないとは記載されていないことから、その減価要因があれば複数の減価要因を計算してもよいことと思われます。

しかし、土地の評価に際して「付近にある他の宅地の利用状況からみて、著しく低下している」場合などに、この「減額の計算」を行うことで、0評価を超えてマイナス評価となることは考えにくいこととなります。

では、10％減はいくつまで同時に計算できるのでしょうか？

別記の裁決事例を読む限りにおいて、「騒音及び振動」と「日照及び眺望」2つの減価要因を減額することができる場合があることとなります。

また、裁決の要旨では省略していますが、裁決の本文中には「財産評価基本通達に基づいて本件土地の価額を評価するに当たり、なお本件土地の価額に影響を及ぼすと認められる個別事情がある場合には、それによる所要の調整をすべきものと考える。」とあります。

10％減をいくつまではできるのか？という問いの答えにはなりませんが、土地の評価に際して「付近にある他の宅地の状況からみて、著しく低下し」また、「その減価要因を複数減算した額が、その土地の価値を適正に現しているもの」であれば、その額をもって評価すべきであると考えます。

裁決事例（要旨）　国税不服審判所 仙台支部

○　新幹線の高架線の敷地に隣接し、かつ、元墓地である土地の価額の評価について、請求人は、新幹線の震動・騒音による10％の評価減のほか、本件土地には第2次世界大戦中の空襲による死者の人骨が埋没しており土の入替えが必要であることから、更に50％の評価減をすべきと主張し、原処分庁は、本件土地が現に宅地として使用されているから土の入替えによる評価減は認められないので、元墓地であることの評価減10％と震動・騒音による評価減10％を合わせた20％の評価減とすべき旨主張する。しかしながら、本件土地は元墓地であったが昭和19年

4月に別地に改葬され、人骨が埋没していると認めるに足る証拠もないことから、元墓地であることによる10％の評価減を行った原処分をあえて不相当とすべき理由はない。また、新幹線の高架線の敷地に隣接していることによる著しい利用価値の低下については、甚だしい震動及び騒音のほか、本件土地の付近は、主として住宅地として利用されており、高架線が地上約7ｍの高さにあることからすれば、日照及び眺望への影響が認められるので、震動及び騒音による10％の評価減に加え、更に10％の評価減を行うのが相当である。

(平13.6.15仙裁(諸)平12－33)

17 埋蔵物のある土地
～ココ掘れわんわん？～

相続人のお宅から帰ってきた西田君は、祐子ちゃんに話しかけた。

西　田：今日訪問したお宅で「西田さん、いただき物だけどケーキがあるから食べていかない？」って言われて、ご馳走になってきたよ。

祐　子：どうも帰りが遅いと思っていましたよ〜。

西　田：その時に聞いたんだけど、その町内で以前、貸家を建てるために地面を掘ったら埋蔵物が出てきたんだってさ！

祐　子：えっ？埋蔵金？

西　田：やだなぁ〜。
　　　　大判・小判がザックザク・・・じゃなくて、江戸時代よりもっと前の人たちが住んでいた頃の建物の柱の跡や、食器なんかの欠片とかが出てきたみたいだよ。

祐　子：なぁ〜んだ。
　　　　裏の畑でポチがココ掘れワンワンで財宝がザクザクかと思いました。

西　田：ははは。って、笑いごとじゃなくて、地面から埋蔵物が出たことで、建築工事を止めて発掘調査をしなければならなくなったんだってさ。
　　　　しかも、その発掘調査の費用が、自分持ちだったらしいよ！

祐　子：えっ？！
　　　　都道府県や市区町村とかの役所が負担するんじゃないんですか？

西田　：そういう場合もあるのかもしれないけど、その町内のお宅は半年くらい工事を止めた上に、相当な金額の発掘工事費も負担したんだって。
　　　　今回担当しているお宅からは離れているから「我が家には関係ありませんけどね」って相続人が話してくれたからよかったけど。

祐子　：そうなんですか。
　　　　でも、もし、その埋蔵物が出たお宅の地続きの土地の所有者で相続が起きたら、土地の評価はどうなるんでしょうね？

≪そこへ、高橋所長が通りかかった≫

所長　：祐子ちゃん、いいところに気付いたね。
　　　　実は君たちが入社する前だったけど、うちの事務所でも埋蔵物に関する事例がいくつかあったんだ。

祐子　：どんな事例だったんですか？

所長　：関与先のお宅で、自宅から少し離れたところにある畑にアパートを建てることになってね。その時に基礎工事を行おうと地面を掘っていたら、食器の欠片や、昔の建物の柱の跡みたいな穴が見つかって。
　　　　工事業者が市役所に連絡をしたら、「すぐに工事を止めるように」という指導が入って、工事中断となってしまったんだ。

西田　：やっぱり！？

所長　：市役所と色々打ち合わせや話し合いを行った結果、発掘調査を行うことになったんだけど、発掘調査が終わるまで、半年近くアパートの建築工事を止めることになったんだよ。

祐子　：その時の発掘調査の費用って、市役所が負担してくれたんですか？

所　長：その時も土地の所有者が負担することになったよ。
市などが費用を負担してくれるケースは少ないみたいだ。

祐　子：所有者の負担する費用って、どのくらいになったんですか？

所　長：あの時は、確か・・・1,000万円近くになったはずだよ。

西　田：そんなにですか？！

所　長：相続税の絡んだ事例としては、被相続人の自宅の近くから過去に埋蔵物が発見されたことがあって、周辺の土地を掘る際には必ず連絡をするように市役所から指導されていたんだ。

西　田：それでどうなったんですか？

所　長：うん。相続税を支払うにあたり、その土地を売却する必要があったんだけど、発掘工事を行うとなると相当額の発掘費用の負担が見込まれたことから、しかたなく現状のまま買い取ってもらえる不動産業者を探して、なんとか買い取ってもらったんだよ。
当然、普通の宅地と同じような金額にはならなかったんだけどね。

西　田：買い手側だって、発掘費用などを負担するわけですから仕方ないですね・・・。

所　長：そうだね。
だいぶ安くなってしまったが、売れたことでなんとか相続税は払えたけど。

祐　子：大変でしたね。ところで、その土地の評価ってどうしたんですか？

所　長：計算式自体は、シンプルなんだよ。
まずは、その土地の通常の評価を行う。
その評価額から、発掘費用見積額の80％相当額を引き算するんだ。

祐　子：相続税評価額が時価の80％相当額ってなっているので、発

掘費用見積額も80％掛け算するってことですか？

所　長：その通り。
国税不服審判所の裁決事例があるから、この機会に読んでみよう。

解説

　「埋蔵物が出るかもしれない！その可能性が高い！」という土地のことを文化財保護法第93条では、「周知の埋蔵文化財包蔵地」と表現されています。貝塚、古墳その他埋蔵文化財を包蔵する土地として周知されているという意味になります。

　埋蔵物というと「金銀財宝などや国宝級の土偶」などのお宝を想像しがちですが、実際には、「人が住んでいた形跡」「建物の柱の跡」「食器や家財や欠片」なども当時の歴史を知る上での大切な埋蔵物となります。

　私の事務所のある神奈川県小田原市は、北条氏が戦国時代から江戸時代にかけて本拠地としていたことで有名ですが、この歴史の経緯からか、この「近隣で埋蔵文化財が発掘された」という「周知の埋蔵文化財包蔵地」に度々遭遇します。

　相続税等の評価に際しては、「周知の埋蔵文化財包蔵地」であるか否かの確認や判定が必要です。この確認作業の入り口は、まずは、相続人からの情報や、地域での情報収集となります。

　そして、各市区町村の教育委員会が作成する「遺跡地図」や「遺跡台帳」に記載されていることを確認することで、判明する場合もあります。

　ただし、教育委員会で把握しきれていない地域や土地に「埋蔵文化財包蔵地」が存在する場合があるので注意が必要です。

　この減価要因の適用がもれている事例が見受けられます。

これは財産評価基本通達などに「埋蔵文化財包蔵地」などの具体的な記載がないことがその一因と思われます。

ただし、「相続した土地が周知の埋蔵文化財包蔵地であった場合には、発掘調査費用の額の80％相当額を控除して評価することが相当である」と、平成20年に国税不服審判所から出ている裁決で明らかにされています（http://www.kfs.go.jp/service/JP/76/20/index.html）。

これに基づき「埋蔵文化財包蔵地」の評価は、「埋蔵文化財包蔵地ではないとした場合の評価額」から「発掘調査費用相当額（見積額）の80％の額」を控除した額により計算することとなります。

公表裁決事例（H20.9.25　判決事例集No76）　≪抜粋≫

　本件各土地は、上記（1）のイのとおり、周知の埋蔵文化財包蔵地に該当すると認められるJ貝塚の区域内に所在し、実際に本件A土地及び本件B土地の一部に貝塚部分が存在していることから、宅地開発に係る土木工事等を行う場合には、上記（1）のロのとおり、文化財保護法第93条の規定に基づき、埋蔵文化財の発掘調査を行わなければならないことが明らかである。しかも、その発掘調査費用は、その所有者（事業者）が負担することになり、その金額も、上記（1）のハのとおり、発掘調査基準に基づき積算したところ約○億円もの高額になる。

　そうすると、上記の宅地開発における埋蔵文化財の発掘調査費用の負担は、一般的利用が宅地であることを前提として評価される本件各土地において、その価額（時価）に重大な影響を及ぼす本件各土地固有の客観的な事情に該当すると認められる。

　そして、上記（1）のへのとおり、本件各土地に接面する路線に付されている路線価は、周知の埋蔵文化財包蔵地であることを考慮して評定されたものとは認められず、また、評価基本通達上に発掘調査費用の負担に係る補正方法の定めも認められないことから、本件各土地の評価上、

当該事情について、所要の考慮を検討するのが相当である。
≪中略≫

　本件各土地は、上記(1)のイないしハのとおり、周知の埋蔵文化財包蔵地に該当するため、文化財保護法の規定により、その宅地開発において発掘調査費用の負担が見込まれる土地であるところ、かかる負担は、土壌汚染地について、有害物質の除去、拡散の防止その他の汚染の除去等の措置に要する費用負担が法令によって義務付けられる状況に類似するものと認められる。

　土壌汚染地の評価方法については、課税実務上、別紙1の4のとおり、その土壌汚染がないものとして評価した価額から、浄化・改善費用に相当する金額等を控除した価額による旨の本件情報に基づく取扱いをしているところ、これは、土壌汚染地について、土壌汚染対策法の規定によってその所有者等に有害物質の除去等の措置を講ずる必要が生じその除去等の費用が発生することなどの要因が、当該土壌汚染地の価格形成に影響を及ぼすことを考慮したものであり、この取扱いは当審判所においても相当と認められる。

　そこで、本件各土地に存する固有の事情の考慮は、類似する状況における土地評価方法についての取扱いを明らかにした本件情報に準じて行うことが相当と認められる(本件各土地の評価の基礎となる路線価は、上記(2)のイのとおり、地価公示価格水準の80％程度で評定されているところ、本件情報において評価上控除する「浄化・改善費用に相当する金額」は見積額の80％相当額とされており、価格水準のバランスが取られている。)。

18 地役権の評価
～鉄塔が・・・～

西　田：ただいま。

祐　子：お帰りなさい。なんだか元気がないみたいですね？

西　田：今日の現地確認なんだけどね。
　　　　普通の土地で、特に何もないと思って行ったんだけどさ。

祐　子：何かあったんですか？

西　田：あったよ。ありましたよ！
　　　　土地の真ん中付近に鉄塔が立っていたんだよ。

祐　子：テットウ？送電線とかの鉄塔のことですか？

西　田：そう。電力会社が送電線を支持するための鉄塔。
　　　　前に携わった案件でも鉄塔があったけど、評価対象地の公図の一部に四角く分筆された土地があって、その土地に「地役権」が設定されていたんで、事前にわかっていたんだけどね。

祐　子：私が所長のお手伝いした案件もそうでしたよ。

西　田：そうでしょ。今回の土地は、鉄塔部分の土地が分筆もされていないし、「地役権」の設定登記もなかったんだよ。現地見なかったら、気が付かずに間違った評価しちゃうところだった。う～ん、これからどんな作業をすればいいんだろう・・・。

> 解説

　一般的には、鉄塔の敷地部分は、公図上で四角く分筆され、所有権が電力会社に移転（過去に売買）されていたり、または、「区分地上権」が設定されています。

　上空に特別高圧電線などが施設された土地などは、その付設下部の土地が分筆され登記簿乙欄などには、その地上権などの内容が記載されていることから、現地確認の前段階でその存在に気付くことができます。

　その土地が倍率地域であっても、登記簿や公図の確認は疎かにできません。

　今回の事例のように、いわゆる特別高圧電線などの大規模なものではなく、中規模程度の送電線などが敷設されている場合、公図や登記簿にその記載などがされていないことがあります。

　机上での書類確認の段階では、評価の減価要因を見逃してしまうこととなります。

　現地確認の際には、上空や周辺にも注意を払って状況を把握することが大切です。

　このような事例では「区分地上権に準ずる地役権」として評価に反映させることとなります。

　評価に際しては、登記簿等でその内容が把握できないため、相続人等に電力会社の間で結ばれている契約書等を探してもらい、その内容に応じた評価計算を行うことになります。

　もし、それらの書類の保存がない場合は、現地にて鉄塔に記載されている管理番号などを基に、電力会社に問合せすることにより、内容が確認できます。

18 地役権の評価

【地役権設定登記されている謄本例】

表　題　部　（土地の表示）			調整	平成18年2月14日	不動産番号	ＸＸＸＸＸＸＸＸＸＸ
地図番号	D 33-3		筆界特定	余白		
所　在	A市				余白	
①　地　番	②地　目	③　地　積　㎡			原因及びその日付〔登記の日付〕	
123番2	田			218：	余白	
余白	余白			171： ：	③錯誤 国土調査による成果 〔平成22年3月23日〕	
余白	余白	余白		： ：	管轄転属により登記 平成17年2月14日	

権　利　部（乙　区）（所有権以外の権利に関する事項）			
順位番号	登記の目的	受付年月日・受付番号	権利者その他の事項
1	地役権設定	昭和42年○月○日 第7000号	原因　昭和42年○月○日設定 目的　送電路の設置及びその保全の土地の立入 　　　送電線路の最下垂時における電線から3・6mの 　　　範囲内における建造物の築造禁止 　　　送電路に支障となる竹木の植栽禁止 範囲　全部 要役地　A市○○字○○番1 順位1番の登記を移記
	余白	余白	管轄転属により登記 平成17年2月14日

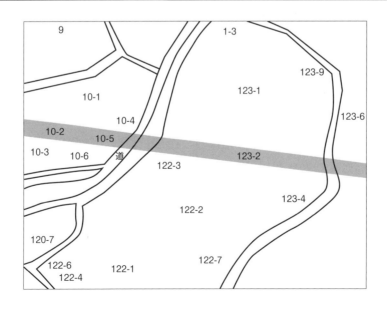

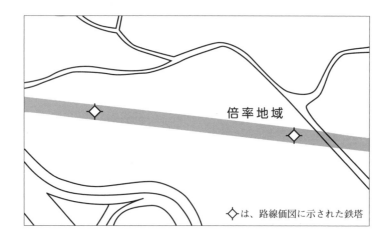

◇は、路線価図に示された鉄塔

地役権とは

設定行為で定められた目的に従い、自己の土地の便益のために他人の土地を利用する権利のことを地役権といいます(民法280)。

例えば、送電線のための地役権、通行の地役権、引水の地役権等がこれに該当します。

地役権者の土地であって、他人の土地から便益を受けるものを要役地といいます。

例えば通行の地役権の場合は、通行させてもらう側が持っている土地を要役地といいます。

一方、要役地の便益に供されるものを承役地といいます。

この承役地の土地全部に地役権の登記をするときは全体であるから問題はありません。しかし一部に地役権の登記をするときは、その土地のその部分を分筆しない限り、範囲が確定しません。そのため、地役権の範囲を確定する「地役権図面」を作成して、法務局に提出することになります。

地役権は登記しなければ第三者に対抗できません。

【民法】
第六章　地役権
（地役権の内容）
第280条　地役権者は、設定行為で定めた目的に従い、他人の土地を自己の土地の便益に供する権利を有する。ただし、第3章第1節（所有権の限界）の規定（公の秩序に関するものに限る。）に違反しないものでなければならない。

財産評価基本通達
27－4（区分地上権の評価）
区分地上権の価額は、その区分地上権の目的となっている宅地の自用地としての価額に、その区分地上権の設定契約の内容に応じた土地利用制限率を基とした割合（以下「区分地上権の割合」という。）を乗じて計算した金額によって評価する。
　この場合において、地下鉄等のずい道の所有を目的として設定した区分地上権を評価するときにおける区分地上権の割合は、100分の30とすることができるものとする。
（注）
1　「土地利用制限率」とは、公共用地の取得に伴う損失補償基準細則（昭和38年3月7日用地対策連絡協議会理事会決定）別記2≪土地利用制限率算定要領≫に定める土地利用制限率をいう。以下同じ。
2　区分地上権が1画地の宅地の一部分に設定されているときは、「その区分地上権の目的となっている宅地の自用地としての価額」は、1画地の宅地の自用地としての価額のうち、その区分地上権が設定されている部分の地積に対応する価額となることに留意する。

27-5 (区分地上権に準ずる地役権の評価)

区分地上権に準ずる地役権の価額は、その区分地上権に準ずる地役権の目的となっている承役地である宅地の自用地としての価額に、その区分地上権に準ずる地役権の設定契約の内容に応じた土地利用制限率を基とした割合(以下「区分地上権に準ずる地役権の割合」という。)を乗じて計算した金額によって評価する。

この場合において、区分地上権に準ずる地役権の割合は、次に掲げるその承役地に係る制限の内容の区分に従い、それぞれ次に掲げる割合とすることができるものとする。

(1) 家屋の建築が全くできない場合　100分の50又はその区分地上権に準ずる地役権が借地権であるとした場合にその承役地に適用される借地権割合のいずれか高い割合
(2) 家屋の構造、用途等に制限を受ける場合　100分の30

区分地上権に準ずる地役権の目的となっている宅地の評価(国税庁HP)

【照会要旨】

特別高圧架空電線の架設を目的とする地役権が設定されている次の図のような宅地の価額はどのように評価するのでしょうか。

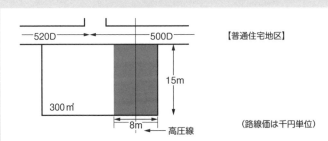

① ■部分は、地役権の設定により家屋の構造、用途等に制限を受けます。
② 宅地は、500千円及び520千円の路線価が付された路線にそれぞれ10mずつ接しています。
③ 総地積は、300平方メートル、■部分の地積は12平方メートルです。

【回答要旨】
　地役権が設定されている宅地の価額は、承役地である部分も含め全体を1画地の宅地として評価した価額から、その承役地である部分を1画地として計算した自用地価額を基に、土地利用制限率を基に評価した区分地上権に準ずる地役権の価額を控除して評価します。この場合、区分地上権に準ずる地役権の価額は、その承役地である宅地についての建築制限の内容により、自用地価額に次の割合を乗じた金額によって評価することができます。
(1) 家屋の建築が全くできない場合…50％と承役地に適用される借地権割合とのいずれか高い割合
(2) 家屋の構造、用途等に制限を受ける場合…30％
　図の場合において、区分地上権に準ずる地役権の割合を30％とすると、次のように評価します。

税理士法第33条の2の添付書面の記載例

・K市○○字○○14番2【畑】
　倍率地域の畑。市街化調整区域にある自用地。
　昭和42年に地役権が設定され建造物の築造の禁止等されているため、財産評価基本通達25(5)、27−5に基づき評価している。

19 納税猶予
～農地等の納税猶予～

所　長：西田君、先日頼んだ相続税の案件は農地等の納税猶予の適用を受けるはずだけど、書類は揃ったのかい？

西　田：はい。農業委員会からの必要書類も揃ったので、所長に決裁をお願いしようかと思っていました。

所　長：そうか。
　　　　でっ、まさかとは思うけど、現地確認に行ってないなんてことはないよね（笑）

西　田：やだなぁ～。
　　　　もちろん行きましたよ。
　　　　固定資産税の地目と現況の地目も一致しています。
　　　　「田んぼ」は「田んぼ」でしたし、「畑」は「畑」でした。

所　長：それは、よかった。
　　　　でも、今聞いているのは、そういうことではないんだ。
　　　　農地等の納税猶予を受けるにあたっては、その田や畑となっている農地の全部分が耕作の目的に供されているのか、「肥培管理」などがされているか、ということだよ。

祐　子：私も現地確認には行きましたけど、どの土地も耕されていた・・・と思いますよ。

所　長：それらの畑に、農機具をしまっておく小屋や物置はなかったかい？

祐　子：物置？どうだったでしょうか？

所　長：田んぼの場合、田植えから稲刈りまでの間に水を張るね。

西　田：当り前じゃないですか！田んぼなんですから(笑)

所　長：だとすれば、一般的に田は、道路面や周りの土地などより低い場所にあることになるね。

祐　子：はい。今回の田も、道路面より低かったですよ。
相続人の方が「道路と高低差があって、耕運機などの機械を入れるのに苦労する」って仰っしゃっていましたから。

所　長：そうだね。
だとすると、その耕運機を運び入れるための傾斜部分というか、進入部分の坂道の部分をコンクリートなどで固めていなかったかい？

西　田：そう言われると、そんな風になっていたような気がしなくもないなぁ。

所　長：なんだか、頼りない返事だな。
よし、今から一緒に現地に行ってみよう。

解説

　農地等の納税猶予とは、農業を営んでいた被相続人から相続等により農地を取得した相続人が、多大な相続税額の負担により、生活および相続後の農業経営が困難にならないように、申告期限内に所定の手続を行うことにより、農地に対する相続税の納税を猶予する制度です。

　農地等の納税猶予は「特例」であることから、農地法や評価に際しては、農地に該当していても、納税猶予の適用要件を具備できなければ適用できません。

　農地等の納税猶予の大まかな要件としては、

(1) 被相続人の要件

(2) 農業相続人の要件

(3) 特例農地の要件

があります【別記1参照】。

　また、「該当の農地に関する相続税申告期限内の遺産分割」と「期限内申告書での適用申請」並びに「適格者証明書等の添付」が必要となるなど、「農地」であってもこれらのすべてを満たさなければ「農地の納税猶予」の適用は受けられないこととなります。

　「相続税評価の農地」と「農地等の納税猶予に該当する農地」とは必ずしも同一ではありません。

　評価上は、「農地」であっても、「農地等の納税猶予」の適用となる「農地」は、更に細分化された要件(条件)があるという事例です(【別記2】参照)。

　「農業用の土地」という大きな概念ではなく、納税猶予に関しては「耕作などを行っている部分の土地」であるのか否かという条件が加わっています。

　極論でいえば「その地面を耕すことが可能なのか？」ということになります。例えば、田畑を耕す場合において、農機具などが必要となります。

　自宅から離れた田畑の場合など、その田畑の敷地内に倉庫や小屋を建てて、その中に農機具や、収穫した農産物を一時的に保管する場合があります。

　農作業を行う上で、これらの農業用施設は必要なものとなりますが、「農地等の納税猶予」の対象となる農地とは「その敷地を農地以外のものとして直接耕作の用に供しない場合」となり、納税猶予の対象ではなくなります。

　このため、登記簿や固定資産税の課税明細書、農業委員会から出される特例農地等の明細書の各書類に、1つの農地として同内容で記載されている場合であっても、農地等の納税猶予の計算の際は、「直接耕作している部分等」と「それ以外」に分別し評価計算を行うことに注意してください。

【農地の一部に耕せない部分(物置)がある事例】

【田に耕運機などの搬入部分にコンクリートが付設されている事例】

相続税申告書作成の際のポイント

1、現地確認の時のポイント
　①農機具の置き場や物置などがないか
　②コンクリ、砂利敷等の耕作できない部分はないか？
　③ ①、②などに該当する面積の算定

2、評価明細等の作成時のポイント
　①上記③で算定した部分と、③以外の農地部分とは別単位として計算し、別々に「相続税申告書第11表」に計上
　②上記以外の農地部分のみを「相続税申告第12表」に記載し計算

【別記1】 農業相続人が農地等を相続した場合の納税猶予の特例
≪国税庁HP　タックスアンサーNo4147の抜粋≫
https://www.nta.go.jp/taxanswer/sozoku/4147.htm

(1) 被相続人の要件
　次のいずれかに該当する人であること。
　イ　死亡の日まで農業を営んでいた人
　ロ　農地等の生前一括贈与をした人
　　死亡の日まで受贈者が贈与税の納税猶予又は納期限の延長の特例の適用を受けていた場合に限られます。
　ハ　死亡の日まで相続税の納税猶予の適用を受けていた農業相続人又は農地等の生前一括贈与の適用を受けていた受贈者で、障害、疾病などの事由により自己の農業の用に供することが困難な状態であるため賃借権等の設定による貸付けをし、税務署長に届出をした人
　ニ　死亡の日まで特定貸付けを行っていた人

(2) 農業相続人の要件
　被相続人の相続人で、次のいずれかに該当する人であること。
　イ　相続税の申告期限までに農業経営を開始し、その後も引き続き農業経営を行うと認められる人
　ロ　農地等の生前一括贈与の特例の適用を受けた受贈者で、特例付加年金又は経営移譲年金の支給を受けるためその推定相続人の1人に対し農地等について使用貸借による権利を設定し、農業経営を移譲し、税務署長に届出をした人
　　贈与者の死亡の日後も引き続いてその推定相続人が農業経営を行うものに限ります。
　ハ　農地等の生前一括贈与の特例の適用を受けた受贈者で、障害、疾病などの事由により自己の農業の用に供することが困難な状態であるため賃借権等の設定による貸付けをし、税務署長に届出をした人
　　贈与者の死亡後も引き続いて賃借権等の設定による貸付けを行うものに限ります。
　ニ　相続税の申告期限までに特定貸付けを行った人（農地等の生前一括贈与の特例の適用を受けた受贈者である場合には、相続税の申告期限において特定貸付けを行っている人）

(3) 特例農地等の要件
　次のいずれかに該当するものであり、相続税の期限内申告書にこの特例の適用を受ける旨が記載されたものであること。
　イ　被相続人が農業の用に供していた農地等で相続税の申告期限までに遺産分割されたもの
　ロ　被相続人が特定貸付けを行っていた農地又は採草放牧地で相続税の申告期限までに遺産分割されたもの
　ハ　被相続人が営農困難時貸付けを行っていた農地等で相続税の申告期限までに遺産分割されたもの
　ニ　被相続人から生前一括贈与により取得した農地等で被相続人の死亡の時まで贈与税の納税猶予又は納期限の延長の特例の適用を受けていたもの

ホ 相続や遺贈によって財産を取得した人が相続開始の年に被相続人から生前一括贈与を受けていたもの

【別記2】 納税猶予の対象となる農地 ≪国税庁質疑応答事例の抜粋≫
https://www.nta.go.jp/shiraberu/zeiho-kaishaku/shitsugi/sozoku/18/13.htm
(1) 温室の敷地
　　贈与時（相続開始時）において温室の敷地となっている土地は、その土地を従前の農地の状態のまま耕作を継続している場合には農地に該当し、その敷地を農地以外のものとして直接耕作の用に供しない場合、例えば、温室の敷地をコンクリート等で地固めするなど農地以外のものとした場合には、たとえ、その上に土を盛って作物を栽培しているときであっても、温室の敷地は農地に該当しないことから、贈与税（相続税）の納税猶予の特例の対象となる農地に当たりません。
(2) 畜舎の敷地
　　贈与時（相続開始時）において畜舎の敷地となっている土地は、農地法第2条第1項に規定する農地又は採草放牧地に該当しないことから、贈与税（相続税）の納税猶予の特例の対象となる農地に当たりません。
(3) 農作業場の敷地
　　贈与時（相続開始時）において農作業場の敷地となっている土地は、農地法第2条第1項に規定する農地又は採草放牧地に該当しないことから、贈与税（相続税）の納税猶予の特例の対象となる農地に当たりません。
(4) 農業のかんがい用ため池
　　贈与時（相続開始時）において農業のかんがい用ため池の用に供されている土地は、農地法第2条第1項に規定する農地又は採草放牧地に該当しないことから、準農地に該当する場合を除き、贈与税（相続税）

の納税猶予の特例の対象となる農地に当たりません。
(5) 養魚に利用している土地

　農地には、現に耕作されている土地のほか、その現状が耕作し得る状態にあり、通常であれば耕作されているものが含まれるので、贈与時(相続開始時)において水田を従前の状態のままで水を張って一時的に稚魚を飼育している場合には、当該土地は農地に該当することから、贈与税(相続税)の納税猶予の特例の対象となる農地に当たります。

　ただし、当該土地を通常の水田として利用するのに必要な程度を超えたけいはん(畦畔)の補強、本地の掘削などをして養魚池とした場合には、当該土地は農地に該当しないことから、その特例の対象となる農地に当たりません。

(6) 植木の植栽されている土地

　贈与時(相続開始時)において植木を育成する目的で苗木を植栽し、かつ、その苗木の育成について肥培管理を行っている土地は、農地に該当することから、贈与税(相続税)の納税猶予の特例の対象となる農地に当たります。

　ただし、既に育成された植木を販売目的で販売するまでの間一時的に仮植しておく土地は、たとえ、その間その商品価値を維持するための管理が行われているとしても、農地法第2条第1項に規定する農地に該当しないことから、その特例の対象となる農地に当たりません。

税理士法第33条の2の添付書面の記載例

・S市○○11番地1 【畑】

　倍率地域の畑であり、農業振興地域内農用区域に該当しない（○○市役所産業振興課にて確認済）。

　登記簿、課税地目ともに、地目は畑であり面積は330㎡となっているが、現況確認において当該畑は①畑部分②物置設置部分③農業用機械の搬入路部分が混在していた。

　現地にて②③の部分を簡易測量し、全体面積330㎡から②③の各面積を控除した残面積を①の面積とした。

　農地の納税猶予計算に際しては、上記①のみを特例の適用対象としている。

20 時効取得
～あの土地はだれのもの？～

≪相続人と現地へ訪問≫

相続人：この畑が、父が遺した畑です。

西　田：お父さんが畑を耕していたんですか？

相続人：祖父から父が引き継いだようですが、父は土いじりが好きではなくて。
たぶん、一度もここを訪れたことはないんじゃないかな？

祐　子：でも、きれいに耕してありますよね。

相続人：昔から父の弟である私の叔父が、この畑を耕していました。
私が小さい時に何度か叔父に連れてきてもらったことがあります。
あちらの物置は、日曜大工も得意な叔父が、廃材などを利用して自分で作っていました。
私も少し手伝ったんですよ！

西　田：お父さんは弟さんに畑を貸していたってことですね。

相続人：兄弟なので、貸すとかではなく、好きに使ってもらってたんだと思います。
実は、父の四十九日の時に、叔父から「あの畑は私がもらうけど、いいかい？」と言われて、少し驚きました。ずっと叔父の畑だと思っていたんです。
それで、初めて固定資産税の課税明細書などを見直して、父名義の畑だったと知りました。
どうしたらいいでしょうか・・・。

≪数日後≫

祐　子：所長、西田さん、大変です。
西　田：どうしたの？
祐　子：先日お邪魔した、叔父さんが耕してる畑のある相続人の方から電話があって、裁判所から郵便物が届いたらしいです。
西　田：裁判所？なにがあったの？
祐　子：どうやら、叔父さんに関するもので、「あの畑は時効で自分のものになった」って書いてあるみたいです。
所　長：時効取得かぁ。
西　田：時効取得？
祐　子：時効取得だと、あの畑は叔父さんのものになっちゃうってことですか？だとしても裁判所から通知がくるなんて、なんだか穏やかじゃないですねぇ。
所　長：相続人の方はなんて言ってたんだ？
祐　子：元々、お父さんが亡くなってから、叔父さんに父の相続財産であることを聞いて知ったこともあり、畑は叔父さんに渡しても構わないと仰っていました。
　　　　ただ、裁判所から通知が来ちゃったので、それに動揺しているように感じました。
所　長：おっ、それでは、叔父さんと仲が悪いということではないんだね？
祐　子：「仲はいい」って伺っています。
　　　　郵便物の件で電話した時も、いつも通りの口調で「手間をかけるけどよろしくね」って感じだったそうです。
所　長：土地の名義を叔父さんに変更する手続としての通知である可能性があるね。
祐　子：叔父さんとの話し合いは、相続人の方にお任せするとして、

| 所　長 | 相続税の申告では、その畑をどうしたらいいですか？
時効取得された土地は、叔父さんが占有し始めた20年以上前に遡って、叔父さんの畑であったことになるんだよ。
だから、相続税の課税財産にならないんだよ。 |
| 西　田 | なるほどぉ！
元々その土地は被相続人（お父さん）の土地ではなかったっていうことになるんですね！ |

解説

民法上、「時効の完成」とは、時効の期間が満了することをいい、「時効の援用」とは、「時効だから、この土地は私のものです！（取得時効）」とか「時効だから、お金を貸した人が持つお金を請求する権利を消滅させます！（消滅時効）」と主張することをいいます。

民法

第144条（時効の効力）
　時効の効力は、その起算日にさかのぼる。

第145条（時効の援用）
　時効は、当事者が援用しなければ、裁判所がこれによって裁判をすることができない。

第162条（所有権の取得時効）
　1　二十年間、所有の意思をもって、平穏に、かつ、公然と他人の物を占有した者は、その所有権を取得する。
　2　十年間、所有の意思をもって、平穏に、かつ、公然と他人の物を占有した者は、その占有の開始の時に、善意であり、かつ、過失がなかったときは、その所有権を取得する。

単純に時効が完成（期間が満了）するだけでは権利が消滅したり、権利を得たりすることはできず、時効を援用することで時効の利益を受けることができることになります。

今回のケースは、相続人の叔父が、占有し続けて20年以上が経ったことから「時効が完成」し、これにより自分のものですよと主張（時効の援用）を裁判所に申し立てたということになります。

また、民法第144条には「時効の効力は、その起算日にさかのぼる。」とあります。

これにより、その占有開始時（20年以上前の日）に遡って占有していた者（叔父）の所有物となります。

相続税は、相続開始日における被相続人の財産に課税されますが、この時効の援用により、相続開始日において、この財産は相続財産ではないこととなります。

相続税の申告に際しては、税理士法第33条の2の添付書面に相続税の課税財産とならない旨の説明を記載し、「裁判所からの通知」や「判決文・和解文」などを添付することとなります。

他の事例としては、いわゆる別荘地の土地での時効取得に関する案件がありました。被相続人が生前に別荘地の土地のみを購入し、そのまま放置していた場所です。

相続開始があったことから、相続人が現地を見に行ってみたところ、空き地であるはずの土地にプレハブの建物がありました。

そのプレハブの占有者に話をしたところ、「20年以上前から占有しているので自分のものである」と主張があり、後日、裁判所より時効取得に関する通知が届きました。

相続税の申告期限においては、判決等が間に合わなかったため、その土地を相続財産として計上しましたが、申告期限後に時効取得が認めら

れることなりました。

　当初申告で財産計上を行っていたことから、更正の請求書を提出することで対応せざるを得ない事例でした。

　このような時効取得に関する事例もあることから、現地確認は早目に行うことが大切となります。

　参考までに時効取得した側の税務上の取扱いは下記のとおり、所得税（一時所得）の課税となります（国税庁タックスアンサーNo.1493参照）。

土地等の財産を時効の援用により取得したとき
【平成28年4月1日現在法令等】

　土地等の財産を時効の援用により取得した場合には、その時効により取得された土地等の財産の価額（時価）が経済的利益となり、その時効により取得した日の属する年分（時効を援用したとき）の一時所得として、所得税の課税対象となります。

【所得の計算方法】
　土地等の財産を時効の援用により取得したときの一時所得の金額は、次のとおりです。
【算式】

> 時効取得した土地等の財産の価額（時価） － 土地等の財産を時効取得するために直接要した金額 － 特別控除額（最高50万円）＝一時所得の金額

※課税の対象になるのは、この金額を更に1/2にした金額です。

（所法34、36、所基通36－15）

税理士法第33条の2の添付書面の記載例

・Q市○○22番2【畑】

　登記簿上、被相続人の所有となっているが、相続開始後当該土地に関して、○○氏より、時効取得の援用をする旨の通知が送付された。

　後日、○○裁判所よりその援用を認める内容の判決が出された。

　民法第144条の規定に基づき、当該地は占有開始時に遡って○○氏の所有となることから、相続開始日において、被相続人の所有する土地ではないこととなった。

　上記のため、当該申告書においては、備忘記録的な意味合いから0円と計上している。

21 山林の評価
~山林に囲まれた雑種地~

《事務所にて》

西　田　：よぉ～し、終わった！

祐　子　：西田さん、今日はおとなしく集中して作業していましたね。

西　田　：今日"も"でしょ。いつもは集中していないみたいな言い方は心外だなぁ。

祐　子　：それで、今日はどんな土地の評価だったんですか？

西　田　：山林だよ。山林。
今回の土地は筆が細かく分かれていて、数えてはいないけど、100筆以上あったんじゃないかなぁ～。
筆数が多いから、土地の所在地番をパソコンに入力するだけでも時間掛かったし、入力間違えがないか、確認するのも大変だったよ。

所　長　：おっ、西田君、疲れた顔してるけど、どうしたんだい？

祐　子　：100筆以上ある山林の評価を、根詰めて作業していたようですよ。

所　長　：お疲れさま。じゃ、さっそく見せてもらおうかな。
どれどれ？おお～、これは大変だったね。

西　田　：そうなんですよ。
全部山林なんだから100筆とかに分けないで、1つの土地として登記も固定資産税評価もまとめてくれると楽なんですけどね。

所　長：ん？全部山林って言っていたけど、「雑種地」や「畑」ってなっている土地もあるね。

西　田：そうなんですよ。
登記地目も固定資産税の課税地目も「畑」や「雑種地」になっているのは確認しました。

所　長：・・・。現地は見たのかい？

西　田：山林でもやっぱり現地行かないとだめですか？全部、倍率地域ですよ。

所　長：遠くから見たら、全部山林に見えるかもしれないが、近隣の状況がどうなっているのかは、現地に行って目で確認する必要があるんじゃないかな。
それに、少なくとも、この「畑」や「雑種地」は、現地を見るなり、その土地の状況を知っている人に話を聞かなければ、正しい評価をしていると言えないな。

西　田：わかりました。相続人の方に連絡して現地確認の同行と状況のわかる方に会わせてもらえるように頼んでみます。

≪後日相続人が同行し現地へ≫

西　田：やっぱり、全部が山林みたいですね。

祐　子：固定資産税の課税明細書では、山林以外に「雑種地」や「畑」があるようでしたね。

相続人：あっ、それならこの先にあったみたいですよ。

西　田：「あったみたい・・・」ですか？

相続人：最近は見に行ってないので状況が分かりませんが、もう少し山を登ったところですから、行ってみましょうか。

祐　子：あら？
この先の場所に、周りとは少し違う雰囲気の雑木林のような

|相続人|：そうですね。あの辺りが「畑」となっている部分だと聞いています。
昔は、山に入った時の食糧用に、少し野菜を育てていたみたいです。長い間、耕さなかったので、雑木林のようになっちゃいましたが・・・。
その向こう側の部分が、たぶん「雑種地」となっている場所だと思いますよ。
|祐 子|：そうですか。
|西 田|：やっぱり、現地に来てみないとわからないものですね。
評価方法を改めないと！

解説

　相続税の申告業務に携わっていると、「なぜ、このお宅が「山林」を持っているのだろう？」と不思議に感じる場合があります。

　宅地化や地域の状況が年々変化している現在では想像しづらいですが、昭和の前半の頃までは日本各地で、"山"から"木"を切り出して生計を立てていたご家庭は多かったようです。

　また、木材の切出しは行っていないまでも、都市ガスやプロパンガスのなかった時代には、各家庭での煮炊きに必要な薪を拾うための里山が必要だった時代があります。

　山林を所有している場合、今回のように「畑」や「雑種地」「公衆用道路」など、「山林」以外の地目となっている土地が含まれているケースがあります。

　これは、「昔、木の切出しを行っていた時、木を下すための道として使っていた木材の運搬用道路」や「切り出した木を一時的に積んでおく広場状の場所」などが「木が生えていない場所＝山林以外の場所＝雑種地や

道路」となっている可能性があります。

　また、山での作業時の食糧確保として、山林の一部分に畑を耕していたというケースもあります。

　固定資産税の台帳が作成された時にそのような状況であったことから、山林の中に山林以外の地目が存在したりしていることとなります。

　現在は薪拾いもしなくなり、木の切出しも必要なくなったことから、時の流れにより「当時の畑や雑種地」が「相続開始時には山林」となっている場合が多くあります。

　「倍率地域の山林であるから現地確認を行わない」などと決めつけず、現地確認により相続開始日での現況に基づく土地の評価を行う必要があります。

　この事例の場合は、市区町村役場に出向き、現状の説明を行い、固定資産税の評価を現状に合わせた見直しを要請することとなります。

　ただし、相続税の申告期限までに、その正式な評価替えが間に合わない場合があります。

　市区町村では、その地域ごとに山林の評価単価が概ね決まっている場合がほとんどであることから、その地域の山林の評価単価に面積を乗じ、山林の倍率を掛けて相続税評価額の算出を行い当初申告を提出することとなります。後日、市区町村役場から正式な評価証明書を入手し、申告の是正を行う必要があります。

22 建物の評価
～消えた建物～

《現地にて》

西　田：土地の現地確認も終わったし、事務所に戻ろうかぁ～。
祐　子：・・・・。
西　田：どうしたの？祐子ちゃん、帰らないの？
祐　子：建物が足りないんです。
西　田：えっ？何が足りないの？
祐　子：固定資産税の課税明細書には、この地番に3棟の建物があるんですけど、どう見ても2棟しかないですよね。
西　田：どれどれ・・・あれ、本当だ。3棟記載がある。
祐　子：課税明細書には「居宅」と「車庫」と「物置」の3種類が記載されています。
　　　　目の前にあるのは、「居宅」と「車庫」かなぁ～。
西　田：見た目では「物置」ってないよね。車庫建物の一部が物置になっていて、課税明細書は2つに分かれてるんじゃないかな。
祐　子：あっ、相続人の方が、ちょうど帰ってきましたよ！何かわかるかもしれないから聞いてみましょう。

《建物について相続人に訪ねてみた》

相続人：不動産のことは、亡くなった父が管理してたので、私はよくわからないんです。

祐　子：この課税明細書を見てください。
「居宅」と「車庫」はわかるんですが、「物置」がどこかにありますか？

相続人：建物は、母屋とガレージだけですよ。ガレージも車が入ってるだけで、「物置」として使ってません。
5年前に思い切ってガレージを大きくしたんです。

祐　子：5年前にガレージを建て替えたんですね？
もしかして、建て替える前には「物置」がありました？

相続人：「納屋」の事かな？家族は「納屋」って呼んでいたので、「物置」と言われるとピンと来ないけど・・・。「納屋」を壊してガレージを大きくしたんです。

西　田：その際に、建物の滅失登記は行いましたか？

相続人：いいえ。「納屋」は元々小さなものでしたし、ガレージなので特に何も・・・。

祐　子：なるほどぉ。この課税明細書は建替え前の状態を表しているんですね。

解　説

　現地確認の前段階として、登記簿や公図、固定資産税の課税明細書の確認など、机上での確認作業は欠かせません。

　その上で、現地確認を行うわけですが、土地の評価に気を取られ、建物や構築物の確認が疎かになりがちです。

　土地の地型、間口・奥行などの確認と共に、建物に関しても、固定資産税の課税明細書との突合せを行う必要があります。

　今回の事例のように現況と固定資産税の課税上の不一致が起こる原因としては、

　・建物の取壊しの際に、古い建物の滅失登記をしなかった

・元々、建物が未登記であった
・亡くなった先代やそれ以前の名義のまま相続登記が行われていなかった
・単純に各市区町村の課税台帳からの削除が漏れた

などが考えられます。

　参考1、2に登記事項証明と固定資産税名寄帳の実例を紹介しました。登記情報には、主である建物と附属建物2棟が登記されています。

　この附属建物2棟は過去に取り壊され現存しません。市区町村の現況確認の際に取り壊された事実の確認が行われましたが滅失登記が省略されていたことから「課税床面積」を0.00㎡として対応しています。

【相続税申告における対応】

　今回のケースのように、現存しない建物が各区市町村の課税台帳上残っている場合は少なくありません。

　相続開始日に現存しない建物は、相続税の申告書に計上する必要はありません。

　税務署提出用の添付資料や書面などに「現存しない建物については計上しない」や「取り壊しが済んでいる建物が固定資産税の課税明細書に記載されていたため」などの説明文を付記しておくことで、いらぬ誤解を避けることができます。

【固定資産税の還付手続】

　課税台帳からの削除が漏れた経緯や原因はさておき、取壊し後も固定資産税の課税明細書に記載されていたことにより、余分な固定資産税を負担していたことになります。

　税務署への相続税申告書の提出以外にも、市区町村に固定資産税の還

付請求の手続を行いましょう。その際には、いつからの年分に誤りがあったのかを示すために「取壊しの時期」がわかる書類などを準備することが必要となります。

【建物の滅失登記】

その建物が登記されてる建物である場合は、「滅失登記」を行う必要があります。

建物の登記ですので、管轄の法務局に書類の提出が必要となります。手続を専門家に依頼する場合には、「登記申請＝司法書士」と思いがちですが、建物の滅失登記などの「表題部の登記」は、土地家屋調査士に依頼することになります。

参考1

【登記事項証明書】

表　題　部	（主である建物の表示）	調整	平成17年2月14日	不動産番号	
所在地番号	余白				
所　　在		100番地		余白	
家屋番号	37番			余白	
①種類	②構造	③床面積　㎡		原因及びその日付〔登記の日付〕	
居宅	木造草葺平家建		108：09	余白	
余白	余白	余白	：	管轄転属により登記 平成17年2月14日	

表　題　部	（附属建物の表示）				
符号	①種類	②構造	③床面積　㎡		原因及びその日付〔登記の日付〕
1	物置	木　造		49：58	余白
2	酪農舎	木　造		49：58	余白
所有者					

参考2

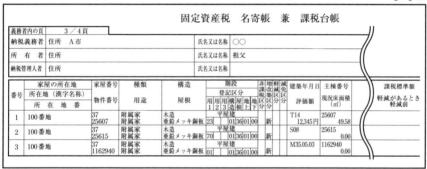

税理士法第33条の2の添付書面の記載例

・A市○○37番の建物

　登記事項証明、固定資産税名寄帳ともに、主たる建物1棟と附属建物2棟が存している旨の記載があるが現状附属建物1棟のみが現存し、主たる建物と附属建物1棟については過去に取壊し済みであるが滅失登記は行っていない。

　平成○年頃、A市役所固定資産税課が立会い、現存する建物の確認を行っており、以降の固定資産税の課税上は取壊し済みの建物の床面積を0.00㎡と表示し、固定資産税評価が空欄（0円）として通知されている。

　相続開始日に現存する、附属建物1棟のみを財産計上した。

23 消えた道路
~道がなくなっている？！？~

現地確認に行っている西田君から電話が・・・。

西　田：もしもし、所長！大変です。大変なことが起こっています！
所　長：西田君、ずいぶん慌ててどうしたんだい？
西　田：今、祐子ちゃんと土地の現地確認に来ているんですけど、道が消えてなくなっています！
所　長：落ち着いて、詳しく話してくれないとわからないよ。
西　田：今日の現地確認の準備として、昨日までに路線価図や登記の内容を確認しておいたんです。
　　　　その段階では、正面路線の道路以外に、路線価図の上では側方と裏面の3方向の道路があったんですよ。
　　　　ところが現地に来てみたら、正面と裏面の道路はあるんですが、側方にあるはずの路線価が付されている道路がないんです。
　　　　評価対象地（道路があるはずの場所）はお隣の敷地と隣接していて、道路なんて影も形もないんです。
　　　　きっとUFOに乗った宇宙人が奪っていったんです！
所　長：なるほど。少し状況が分かった。
　　　　今から行くから、どこかで昼食でも食べて待っていなさい。
西　田：わかりました！祐子ちゃんとランチしながら待っています。

≪現地にて≫

所　長：西田君、祐子ちゃん、お待たせ。
祐　子：お待ちしていました。
　　　　西田さんは、食事中もずっと、「UFOに乗った宇宙人が道を奪っていった説」を力説していましたよ。そんなはずないのに。
所　長：そうだね。
　　　　西田君ががっかりしてしまうかもしれないが、現地に来る前に相続人の方に電話して事情を聴いておいたよ。
西　田：それで相続人の方はなんて言ってました？
所　長：うん。
　　　　お隣の敷地との間に、道路状の土地があったことは間違いないそうだ。
西　田：やっぱり、「道」はあったんですね。
所　長：その「道」がなくなったのではなく、数年前に「道」を「庭」にしたそうだ。
　　　　お隣との間にあった路地状の敷地は、もともと庭の一部だったんだけど、自宅の裏面道路側に行くための通り道や、車庫に車を入れるための進入路として使っていたそうだ。
　　　　ところが、道路のように見えたことと、この正面道路から裏面道路をつなぐ公道が近くになかったことから、近所の人どころか知らない人まで通り抜けるようになってしまったそうだ。
　　　　そこでしかたなく、敷地にフェンスをつくって通り抜けができないようにしたらしい。
祐　子：それは、いつのことなんですか？
所　長：どうやら最近のことのようだよ。
　　　　正確な時期は思い出せないけど、相続開始日においてはすでに庭となっていたそうだ。
　　　　フェンスで囲った時の請求書や領収証が残っているはずだから、探しておくって相続人の方が言っていたよ。
西　田：そうなんだぁ〜。

> **解説**

　税務署の評価担当者は、路線価図や倍率表などを新規に作成したり、既存のものを直したりすることが主な仕事です。

　このため、日々、各管轄署の管内の土地（道路）を歩き、前年との相違点を見つけ、または新たな道やトンネルなどを確認し、翌年の路線価に反映させています。

　これらの作業には大変な労力と、膨大な時間が必要になりますので、税務署の限られた人員で、毎年、路線価が付されたすべての道路を見直すことは、現実問題として困難であると思われます。

　今回の事例は、実例として私も数件経験しています。

　元々、私有地の一部である路地状の部分に路線価が付されてしまった経緯は定かではありませんが、何らかの理由で路線価が付されている事例はまれにあります。

　現地確認前に机上で、路線価図と明細地図の突合せを行い「正面、側方、裏面の３方路線に接する土地」という心づもりで現地に向かいましたが、側方に道路が存在しなかったのです。

　西田君のように取り乱すことはありませんでしたが、場所を間違えたのではないかと心配した記憶があります。

「財産評価は、課税時期での現況に基づく評価」を行うこととなります。
この事例は、
① 　過去には私有地の一部が道路状となっており、近所の人も通り抜けをしていた。
② 　このため、明細地図にも道路として表現されていた。
③ 　そのためか、その部分に路線価が付されていた。
④ 　道路状から庭に変更してから数年しか経っていなかった。

など、複合的な要素から起きた出来事であるとはいえ、現地確認を省略していたら、誤った評価をしてしまうというミスが起こったかもしれない事例です。

　また、事前に入手したデータや資料は、「相続開始以前からのものであり、必ずしも「課税時期（相続開始日）」の正しい状況を現したものとは限らない。」ということを再認識させられた事例でした。

　現地確認の際には、相続開始日においては、どのような状況であったのかを最新の注意をもって行う必要があります。

【路線価図】

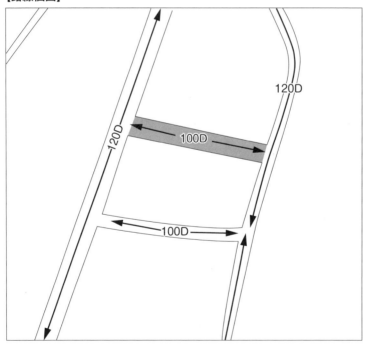

【公図】

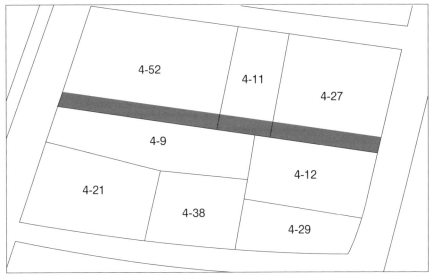

　上記では、【公図】の網掛け部分には道路がないにもかかわらず、路線価が付されてしまったケースです。

24 存在確認できない土地
～土地がない？？～

西　田：もう少しで現地に着くよ、祐子ちゃん。
祐　子：今日はどんなところなんですか？
西　田：調整区域の土地なんだけど、公図がとれなかったんだよね・・・。
祐　子：え？場所わかるんですか？
西　田：固定資産税の課税明細書に載っている土地だよ。所在地の地番が書かれているし、近くにいったら、わかるんじゃないかなぁ～。と思って。
祐　子：えぇぇーっ？大丈夫ですかぁー？
西　田：大丈夫だよ。きっと・・・。
祐　子：心配だなぁ～。

≪評価対象地付近へ到着≫

西　田：この辺のはずなんだけど・・・。
祐　子：この辺って言っても畑というか原野みたいな場所で、周りに建物とかもないじゃないですか～。
　　　　西田さん、やっぱり地図や公図がないと、探すのは無理ですよ。
西　田：やっぱり？？そんな気がしてきたところだった・・・。
祐　子：この土地の登記簿謄本はどうなっているんですか？
西　田：登記簿謄本は帰ってから取ろうと思っていたんだよね・・・。

祐　子：西田さん、帰って調べましょう。」
西　田：・・・・・・はい。

≪事務所にて≫

西　田：祐子ちゃん、登記簿謄本取ってみたよ。
　　　　でも、やっぱり公図は取れなかった。なぜだろう？
祐　子：西田さん、この登記簿謄本をよく見てください。
　　　　「地図番号」のところに「現地確認不能」って書いてありますよ。
西　田：あっ、本当だ！気づかなかったなぁ。
　　　　「現地確認不能」ってことは、そんな土地は存在しないってことなのかな？
　　　　存在しないなら、公図だってないってことだろうね。
祐　子：もちろん現地も大事ですけど、現地行く前に調べなきゃだめですよ〜。
西　田：ごめん。でも、登記簿謄本があって、固定資産税だって課税になっているのに、土地自体がないなんて、どうしたらいいんだろう？

解説

　実務では、このような事例に直面することがあります。
　どのような経緯で「不動産である土地」そのものの「現地確認が不能」となったのかは、処々、様々な事情があるようです。
　現地確認の前段階での登記簿や公図の確認を行うのはもちろんですが、その際に登記簿などの資料等の精査が漏れていたり、または、現地確認等を行わずに机上のみで評価計算をした場合、単純に「固定資産税

評価額×倍率」で評価してしまうことになります。

　固定資産税評価額が「０円」となっていれば、結果的に課税上の影響が出ませんが、下記計算例のように、そもそも、存在しない（現地確認不可能な）土地であるのに、固定資産税が課税となっている場合は、相続税の課税対象となってしまうことから注意が必要です。

> 【計算例】
> A　固定資産税の内容
> 　　課税地目：原野
> 　　課税地積：1,701㎡
> 　　評価額　：42,375円（42,375円÷1,701㎡＝＠約25円／㎡）
> B　該当地域における原野の評価倍率：20倍
> C　相続税評価額
> 　　A×B＝42,375円×20倍＝847,500円

このような場合の実務上での対応例としては、

① 法務局にて「現地確認不能」と記載せざるを得なかった経緯等の確認。

② 市区町村にて、「現地確認不可能」な土地に関する固定資産税の課税の状況などの確認。

③ 上記を踏まえて、相続税の課税対象財産として、評価額をどのように決定するのかを判断することとなります。

　上記計算例の案件では、法務局や市区町村に数度出向き事情説明をしたところ、結果的に「その土地の存在が確認できない」という結論となりました。

　実体のない土地であることから、相続税申告書の第11表には「０円」と記載しますが、固定資産税評価額が算出されていることから、相続税

申告書への説明が不完全となってしまいます。

このため、「税理士法第33条の2の添付書面」に、実体のない土地であると判定した経緯を記載し、関係資料とともに提出する必要があります。

固定資産税の課税上の問題がある場合には、過去に遡って手続をすることで、還付となることがあります。

【登記事項証明】

表　題　部　（土地の表示）		調整	平成14年10月23日	不動産番号	
地図番号	国調現地確認不能	筆界特定	余白		
所　在	B町				余白
					平成17年10月1日行政区画変更 平成17年12月28日登記
①　地　番	②地　目	③　地　積　㎡			原因及びその日付〔登記の日付〕
14番2	原野	552：			余白
余白	余白	：			昭和63年法務省令第37号附則第2条 第2項の規定により移記 平成14年10月23日

【固定資産税課税明細】

課税資産の内訳

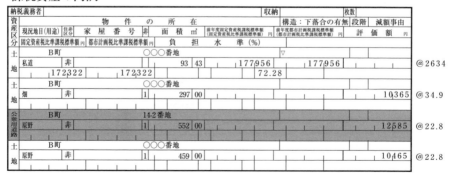

税理士法第33条の2の添付書面の記載例

・M市○○字○○31番2【公衆用道路】
　路線価地域の宅地。登記簿上「佐藤はなこ」名義。
　当該地は登記簿に「国調現地確認不能」と記載があり、所在を確認することができなかった。課税地目が「公衆用道路」となっていることから当該地番付近の道路部分に該当すると思われることから、評価額をゼロとした。
　なお、名義人である「佐藤はなこ」は、当該申告に際して入手した戸籍謄本などに、その名前はないが、被相続人の曾祖母と思われる。
　長きにわたって、その相続登記が行われないままとなっている模様である。

25 公衆用私道
～普通の道か私道か～

西　田：祐子ちゃん、聞いてくれるぅ？

祐　子：どうしたんですか？

西　田：明日の現地確認する土地なんだけどさ。
地図を見ると、評価対象地の西側に道路があるんだけど、公図には道路らしきものがないんだよ。

祐　子：道路がなかったら家から出られなくなっちゃいますね。
でも、地図では道があるんですよね。
固定資産税の課税明細書や路線価図はどうなっているんですか？

西　田：固定資産税の課税明細書には、宅地が一筆記載されているだけで「道路」らしきものは特に載っていないよ。
路線価図には、その前面道路に路線価が付されているんだ。
いったいどれが正しいんだろう？

祐　子：まずは、現地に行って、相続人の方に詳しい事情を聴いてみましょうか？

≪現地にて≫

西　田：ここが評価対象地だよ。

祐　子：やっぱり・・・というか当然、道がありますよね。

相続人：亡くなった父が「ここの道路は半分がうちの土地なんだ」って言ってました。

両隣のお宅やお向かいのお宅も、それぞれが敷地の前面の道路を持ち合って、この道があるようです。

祐　子　：となると、この道の半分くらいまでが、被相続人の土地ということですね。

西　田　：・・・・？！？

≪二人は事務所に戻ってきた≫

西　田　：今回の道の部分の評価、どうしよう？？
祐　子　：もしかして、私道として評価しようとしてます？？？
西　田　：う～ん。そこなんだよね。
　　　　　あっ、固定資産税の課税状況は再確認してくれた？
　　　　　公衆用道路でゼロ評価じゃない？？
祐　子　：それが、やっぱり、固定資産税は課税になってるんですよ。
西　田　：そうなの？？
　　　　　じゃぁ、やっぱり、私道として評価しなきゃいけないのかなぁ。
祐　子　：それって、なんだかかわいそうですよね・・・。
　　　　　だって、いろんな人が通り抜けている「ふつうの道」ですよ。
西　田　：そうなんだよね。かわいそうだよね・・・。

≪二人は高橋所長に相談した≫

所　長　：だいぶ前に開発された分譲地や別荘地に見られるケースだね。
　　　　　それぞれの土地の所有者が、自分の敷地の前面の道路部分を持ち合っているんだね。
　　　　　その道路が、「公道から公道へ通り抜けができる」状態に

なっていて「不特定多数の者が行き来できる」道路であれば、相続税の評価に際しては「評価しない」となっている。
つまりは、ゼロ評価となるよ。

祐　子：公道や私道に関する評価は、「どのように使っているのか」という実情に則して考えなければいけないんですね。

西　田：相続税評価はゼロでわかりましたが、固定資産税はどうなるんですか？

所　長：固定資産税もゼロ評価または、非課税となっているはずだね。しかし、今回の場合は何らかの事情で宅地部分と同一の評価のままになってしまっていたようだ。
基本的には、宅地部分と道路部分を分筆し、市区町村に「非課税申告書」を提出すれば、翌年から非課税になるよ。

西　田：そっかぁ～。分筆かぁ～。

所　長：実測図などで、宅地部分と敷地部分の面積が確定できれば、分筆をしないで手続できる場合もあるようだ。
市区町村役場に相談するといいね。

祐　子：わかりました！
相続人に連絡してみます。

西　田：これで評価が下がったら喜んでくれるかなぁ～。

解説

今回の事例のように、敷地の前面の道路部分を各所有者が持ち合うことで道路を形成してる場合があります。

所有の形態だけに着目すると、いわゆる「私道」のように思われるかもしれませんが、私道（私有地）であっても、事例のようにゼロ評価（評価しない）となります。

> 公道とは…「公衆が自由に通行できる道路」であり、民法210条に定められています。
> 私道とは…その定義は様々ですが、最も狭い意義においては、その道路敷地を個人が所有し、私的に利用している道路と考えられます。原則として公法上の規制を受けません。

　国税庁ＨＰのタックスアンサーNo.4622には「公共の用に供するもの、例えば、通抜け道路のように不特定多数の者の通行の用に供されている場合」と記載され、同質疑応答事例には「道路の幅員の大小によって区別するものではありません。」と記載されています。

　別項で触れた「2項道路」その他の「建築基準法上の道路」に該当しない道路であっても「不特定多数の者の通行」や「通抜け」などの条件を備えればゼロ評価となることになります。

　また、同質疑応答事例には「行き止まりの私道であるが、その私道を通行して不特定多数の者が地域等の集会所、地域センター及び公園などの公共施設や商店街等に出入りしている場合など」や「私道の一部に公共バスの転回場や停留所が設けられており、不特定多数の者が利用している場合」などの記載があることから、通り抜けのできない道路であっても「ある程度の公共性」のある私道においては、ゼロ評価を行うことが可能であることが分かります。

　現地確認の際は、「その私道そのもの」の確認のみに留まらず、「その私道の利用状況」や、「その私道の先に何があるか」などを確認することが大切となります。

【固定資産税について】

　通常、固定資産税の課税明細書などには、「宅地部分」と「道路部分」に区分された記載があり、「道路部分」は非課税ないしは評価ゼロとなっ

ていますが、稀に今回の事例のように、固定資産税が課税されている場合があります。

以下の図のように、公図では表れていない道路に、路線価が付されているケースです。

課税となった経緯は処々の理由によるものとは思われますが、現実的には、固定資産税の課税の対象外であったはずです。

各区市町村等に対し「固定資産税非課税申告書」を提出するとともに、過去の固定資産税の取扱いについて説明や確認を行うことで過年分の固定資産税が還付となるケースがあります。

その際、宅地部分と道路部分それぞれの面積が確認できれば、分筆登

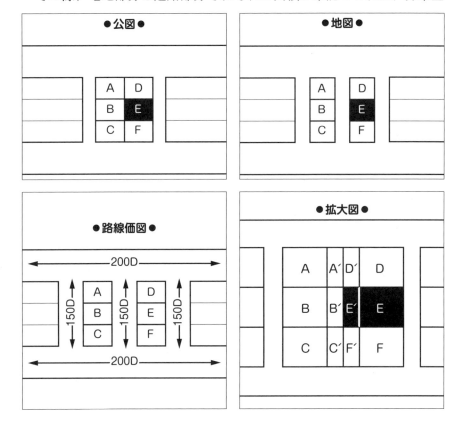

記を省略できる場合があります。
　土地の状況や各市区町村により取扱いが異なりますので、各市区町村役場にて相談の上、申請や申告を行ってください。

財産評価基本通達
24（私道の用に供されている宅地の評価）
　私道の用に供されている宅地の価額は、11（（評価の方式））から21－2（（倍率方式による評価））までの定めにより計算した価額の100分の30に相当する価額によって評価する。この場合において、その私道が不特定多数の者の通行の用に供されているときは、その私道の価額は評価しない。

国税庁ＨＰ　タックスアンサーNo.4622
私道の評価［平成28年4月1日現在法令等］
　私道には、①公共の用に供するもの、例えば、通抜け道路のように不特定多数の者の通行の用に供されている場合と、②専ら特定の者の通行の用に供するもの、例えば、袋小路のような場合があります。
　私道のうち、①に該当するものは、その私道の価額は評価しないことになっています。②に該当する私道の価額は、その宅地が私道でないものとして路線価方式又は倍率方式によって評価した価額の30％相当額で評価します。この場合、倍率地域にある私道の固定資産税評価額が私道であることを考慮して付されている場合には、その宅地が私道でないものとして固定資産税評価額を評定し、その金額に倍率を乗じて評価した価額の30％相当額で評価します。
（注）1　専用利用している路地状敷地については、私道に含めず、隣接する宅地とともに1画地として評価します。
　　　2　路線価方式による場合の評価方法私道の価額は、原則として、正面路線価を基として次の算式によって評価しますが、その私道

に設定された特定路線価を基に評価（特定路線価×0.3）しても差し支えありません。

【算式】

> 正面路線価×奥行価格補正率×間口狭小補正率×奥行長大補正率×0.3×地積＝私道の価額

国税庁HP　質疑応答事例
不特定多数の者の通行の用に供されている私道

【照会要旨】

　私道が不特定多数の者の通行の用に供されているときは、その私道の価額は評価しないこととなっていますが、具体的にはどのようなものをいうのでしょうか。

　幅員2m程度で通り抜けのできる私道は財産評価基本通達24に定める不特定多数の者の通行の用に供されている私道に該当しますか。

【回答要旨】

　「不特定多数の者の通行の用に供されている」例を具体的に挙げると、次のようなものがあります。

　　イ　公道から公道へ通り抜けできる私道
　　ロ　行き止まりの私道であるが、その私道を通行して不特定多数の者が地域等の集会所、地域センター及び公園などの公共施設や商店街等に出入りしている場合などにおけるその私道
　　ハ　私道の一部に公共バスの転回場や停留所が設けられており、不特定多数の者が利用している場合などのその私道

　不特定多数の者の通行の用に供されている私道とは、上記のようにある程度の公共性が認められるものであることが必要ですが、道路の幅員の大小によって区別するものではありません。

固定資産税非課税申告書

平成　年　月　日

箱根町長　　　　　様

　　　　　　　　　住所又は所在地＿＿＿＿＿＿＿＿＿＿＿
　　　　　　　　　氏名又は名称＿＿＿＿＿＿＿＿＿＿㊞
　　　　　　　　　（代表者氏名）＿＿＿＿＿＿＿＿＿㊞

次の固定資産を非課税として認定していただきたく、地方税法第348条及び箱根町町税条例第19条の規定により申告します。

	所在地番	地目	総地積 m^2	申請地積 m^2	用　途	使用開始年月日
土地						．　．
						．　．
						．　．
						．　．
						．　．
						．　．
						．　．

	所在地番	構造	総床面積 m^2	申請面積 m^2	家屋番号	用途	使用開始年月日
家屋							．　．
							．　．
							．　．

	所在地	種類	資産の名称等	数量	取得価格	取得年月
償却資産		種			円	．
		種			円	．
		種			円	．

土地非課税適用（取消）申告書

		※整理番号	

受付印	所有者	住　所 (法人にあっては、主たる事務所の所在地)	
平成　年　月　日 (あて先) 　大　阪　市　長		氏　名　印 (法人にあっては、その名称及び代表者の氏名印)	フリガナ
		電話番号	

土　地　の 所在地番	区	区	区
登記地目			
現況地目			
地　積　①	㎡	㎡	㎡
①のうち 非課税部分	㎡	㎡	㎡
①のうち 課税部分	㎡	㎡	㎡
事由発生 年　月　日	平成　年　月　日	平成　年　月　日	平成　年　月　日
土地の 使用状況			
添付書類	1　　土地使用図　　2　　　　　　　3　　　　　　　4		

※実地調査による所見	地方税法第348条第　　項第　　号　に該当 地方税法附則第14条第　　項

※処理欄	異動処理	住宅用地 調査票		

※決裁欄	平成　年　月　日	課長	課長代理	係長	係員	※調査日	調査員
						平成　年　月　日	

税理士法第33条の2の添付書面の記載例

1　不特定多数の者が利用
・E市○○117番1【共有私道】
　路線価地域の公衆用道路。
　通り抜けができる不特定多数の者の通行の用に供されている道路であることから評価額をゼロとした。

2　特定の者のみ使用
・F市○○字○○321番1【私道】
　路線価地域の公衆用道路。
　固定資産税は公衆用道路につき非課税となっている。
　行き止まりの私道であることから、財産評価基本通達24を基に評価した。

3　固定資産税の評価において、評価額にすでに反映されている場合
・G市○○字○○221番4【私道】
　倍率地域の雑種地。
　固定資産税評価単価(4,157円/㎡)であることから、既に私道であることの減額が反映済であると思われる。当該固定資産税評価額に倍率を乗じて評価した。

26 無道路地
～なんて読むの？囲繞地～

祐　子：西田さん、難しい顔をして、また悩み事ですか？

西　田：来週現地確認する予定の案件なんだけどさ。
　　　　公図を見ていたんだけど、評価対象地が道路に接していないみたいなんだよ。

祐　子：先日の事例のように「通抜けのできる私道」ではないんですか？

西　田：確かに地図上では公道に接する土地があるように見えるんだけどね。
　　　　公道に接するように見える道路部分の登記簿を取ってみたんだけど、全くの別人が持っているようなんだ。

祐　子：では、ほかの方向に道路があるのかもしれないですね。

西　田：そう思って、評価対象地の周りの土地の登記簿を全部取ってみたんだよ。
　　　　そうしたら、全部の土地が、全くの別人名義なんだ。
　　　　周りを囲まれちゃってるような土地なんだよね。

所　長：それは、「囲繞地」や「袋地」だな。

祐　子：あっ、所長！聞いていたんですか？

西　田：その「イニョウチ」って何ですか？

所　長：ある所有者の土地が、他の所有者の土地に囲まれている状態を「囲繞（いにょう）」というんだよ。
　　　　囲んでいる側の土地を「囲繞地」、囲まれている側の土地を「袋地（ふくろち）」というんだ。

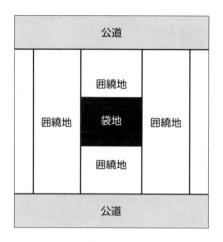

西　田：この「袋地」の所有者は「囲繞地」を通らないといけないんですね。

所　長：そうだね。これを「囲繞地通行権」っていうんだ。

西　田：相続税法や財産評価基本通達に「囲繞地」なんて言葉が出てきましたっけ？

祐　子：道路がないのであれば「道路のない土地」って言いたいところですよね。

所　長：そうだね。財産評価基本通達では「無道路地」と書かれているね。
実際に相続税評価を行う場合は、財産評価基本通達22－2に記載されているように通常の土地の評価を行い、その額から40％以内の範囲内で相当と認められる金額を控除して計算するんだ。

西　田：「その額から40％以内の範囲内で相当と認められる金額を控除」って、曖昧な表現ですね。

所　長：具体的な計算例は国税庁のタックスアンサーに記載されているのでそれを参考にしてごらん。

解説

平成16年に民法が現代語化されました。

この現代語化前の民法210条には、「或土地カ他ノ土地ニ囲繞セラレテ公路ニ通セサルトキハ其ノ土地ノ所有者ハ公路ニ至ル為メ囲繞地ヲ通行スルコトヲ得」と書かれていました。

このため、不動産業界などでは、今でも「囲繞地」や「袋地」という用語は、頻繁に使われているようです。

改正された現在の民法では、この「囲繞地」のことを「その土地を取り囲んでいる他の土地」と言い換えられていますが、「囲繞地」とは別図のように「袋地」を取り囲んでいる土地のことをいいます。

今回の事例は「囲繞地」に取り囲まれた「袋地」の評価という事例ですが、財産評価基本通達では、この「袋地」のことを「無道路地」と呼んでいます。

ただし、財産評価基本通達でいう「無道路地」には、道路自体は存していても、道路の幅員が不足している場合などの建築基準法上の接道義務を満たさない土地も「無道路地」に含まれます。

このため、「無道路地」と「袋地」については、同意語のように思われますが「無道路地＞袋地」と理解するのが正しいようです。

「財産評価基本通達20－2」を見ると、「通常の宅地評価の40％減」が無道路地の評価のように読めます。

言い換えれば、「通常の宅地の60％評価」となってしまいます。

別記の国税庁タックスアンサー№4620に具体的な計算例があります。この事例では「無道路地」の前面の「囲繞地」の価額を仮に4,000万円（路線価10万円×奥行補正1.0×400㎡）とします。

これに対し、「袋地」である「無道路地」部分の評価が1,985.6万円とします。

これにより、「無道路地」の評価は、通常の土地の評価に対し49.64％

(50.36％の評価減)となります。

「雑種地の評価」(事例7参照)において「宅地比準」による評価のしんしゃく割合は50％となっています。

ほぼ同じ減額割合になっていることから、これらとの整合性は取れているものと思われます。

無道路や建物の再建築が不可の場合の土地の評価は、通常の土地の50％程度になるということがいえそうです。

民法(抜粋)
第210条 (公道に至るための他の土地の通行権)
　他の土地に囲まれて公道に通じない土地の所有者は、公道に至るため、その土地を囲んでいる他の土地を通行することができる。
　2　池沼、河川、水路若しくは海を通らなければ公道に至ることができないとき、又は崖があって土地と公道とに著しい高低差があるときも、前項と同様とする。

第211条
　前条の場合には、通行の場所及び方法は、同条の規定による通行権を有する者のために必要であり、かつ、他の土地のために損害が最も少ないものを選ばなければならない。
　2　前条の規定による通行権を有する者は、必要があるときは、通路を開設することができる。

第212条
　第210条の規定による通行権を有する者は、その通行する他の土地の損害に対して償金を支払わなければならない。ただし、通路の開設のために生じた損害に対するものを除き、一年ごとにその償金を支払うことができる。

第213条
　分割によって公道に通じない土地が生じたときは、その土地の所有者は、公道に至るため、他の分割者の所有地のみを通行することがで

きる。この場合においては、償金を支払うことを要しない。
2　前項の規定は、土地の所有者がその土地の一部を譲り渡した場合について準用する。

財産評価基本通達
20－2（無道路地の評価）
　無道路地の価額は、実際に利用している路線の路線価に基づき20（（不整形地の評価））の定めによって計算した価額からその価額の100分の40の範囲内において相当と認める金額を控除した価額によって評価する。この場合において、100分の40の範囲内において相当と認める金額は、無道路地について建築基準法（昭和25年法律第201号）その他の法令において規定されている建築物を建築するために必要な道路に接すべき最小限の間口距離の要件（以下「接道義務」という。）に基づき最小限度の通路を開設する場合のその通路に相当する部分の価額（路線価に地積を乗じた価額）とする。
（注）1　無道路地とは、道路に接しない宅地（接道義務を満たしていない宅地を含む。）をいう。
2　20（（不整形地の評価））の定めにより、付表五「不整形地補正率表」の（注）3の計算をするに当たっては、無道路地が接道義務に基づく最小限度の間口距離を有するものとして間口狭小補正率を適用する。

国税庁タックスアンサーNo.4620
無道路地の評価［平成28年4月1日現在法令等］
　無道路地とは、一般に道路に接していない宅地をいいます。
　この無道路地の価額は、実際に利用している路線の路線価に基づき不整形地の評価によって計算した価額（具体的な計算方法については下記設例を参照してください。）から、その価額の40％の範囲内において相当と認める金額を控除して評価します。

この場合の40％の範囲内において相当と認める金額は、無道路地について建築基準法その他の法令において規定されている建築物を建築するために必要な道路に接すべき最小限の間口距離の要件(以下「接道義務」といいます。)に基づいて最小限度の通路を開設する場合のその通路に相当する部分の価額とされています。この通路部分の価額は、実際に利用している路線の路線価に、通路に相当する部分の地積を乗じた価額とし、奥行価格補正等の画地調整は行いません。

　なお、他人の土地に囲まれていても、その他人の土地に通行の用に供する権利を設定している場合は、無道路地になりません。

　また、道路に接していてもその接する間口距離が接道義務を満たしていない宅地については、建物の建築に著しい制限を受けるなどの点で、無道路地と同様にその利用価値が低くなることから、無道路地と同様に評価します。この場合の無道路地としての控除額は接道義務に基づいて最小限度の通路に拡幅する場合の、その拡幅する部分に相当する価額(正面路線価に通路拡幅部分の地積を乗じた価額)とされています。

　具体的には次のとおり評価します。

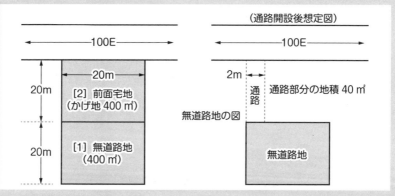

1　無道路地[1]の奥行価格補正後の価額
(1)　無道路地[1]と前面宅地[2]を合わせた土地の奥行価格補正後の価額

```
奥行価格補正(40m)      [1]＋[2]の地積の合計
100千円   ×   0.92   ×   800㎡ ＝ 73,600千円
```

(2) 前面宅地［2］の奥行価格補正後の価額

奥行価格補正（20m）　　［2］の地積
100千円 × 1.00 × 400㎡ ＝ 40,000千円

(3) (1)の価額から(2)の価額を控除して求めた無道路地［1］の奥行価格補正後の価額

［1］＋［2］の価格　　　［2］の価格　　　［1］の奥行価格補正後の価格
73,600千円　　　　－　40,000千円　＝　　　　33,600千円

2　不整形地補正（又は間口狭小・奥行長大補正）

○　不整形地補正率 0.79（普通住宅地区・地積区分A・かげ地割合50%）

かげ地割合＝（800㎡－400㎡）／800㎡＝50%

○　間口狭小補正率 0.90（間口距離 2）
○　奥行長大補正率 0.90（間口距離 2・奥行距離 40）

不整形地補正率　　間口狭小補正率　　小数点第2位未満切捨て
　　0.79　　　×　　0.90　　　＝　　　0.71
不正形地補正率　　間口狭小補正率
　　0.90　　　×　　0.90　　　＝　　　0.81
0.71＜0.81より不整形地補正率は0.71
［1］の奥行価格補正後の価格　　不整形地補正率
　　　33,600千円　　　　×　　　0.71　　＝　23,856千円

3　無道路地としてのしんしゃく（通路部分の価額）

通路部分の地積　　　　　限度額
100千円 × 40㎡ ＝ 4,000千円 ＜ 23,856千円 × 0.4

4 評価額

不整形地補正後の [1] の価格	通路部分の価格	無道路地の評価額
23,856千円	− 4,000千円	= 19,856千円

27 市街地山林の評価
～市街地とはいえ山なんです・・・～

祐　子：西田さん、ちょっといいですか？

西　田：なに？祐子ちゃん。

祐　子：これから現地確認に行く土地のことで、相談があるんですけど。資料を見てもらってもいいですか？

西　田：山林の隣の土地である自宅の敷地に、建物が建っているんだね。
　　　　前面道路に路線価も付されているから、通常通りに路線価を基に計算するんじゃないのかなあ。

祐　子：ええ。そう思って計算してみたんです・・・。

西　田：うわぁ～。結構な評価額になるねえ!?

祐　子：造成費とか整地費用とかを概算で控除してみたんですけど、それほど評価が下がらなくて・・・。

西　田：本当だね。山林って感じの評価ではないね。

祐　子：そうなんですよ。宅地と大差ない評価額になってしまってびっくりしています。

西　田：う～ん。資料だけではわからないなあ。
　　　　とりあえず、いつも通り現地を見てから考えよう！

祐　子：そうですね、現地も見ないで悩んでいたって仕方ないですよね。

≪現地へ到着≫

西　田：祐子ちゃん、この山林、すごい急斜面になっているね。

祐　子：隣接する自宅の敷地とは、10ｍ以上の高低差がありそうですね。

西　田：この状態で通常の路線価で評価するのは、なんか違う気がするなあ。

祐　子：これは、小さな山というか、崖地ですね。

西　田：そうだね。
　　　　土地の一部に崖があるというより、崖だけを持っているってことかな。

祐　子：でも、そうすると、どうやって評価したらいいのでしょう？

西　田：うーん。わからないなぁ。
　　　　まずは、写真を撮っておこうよ。
　　　　事務所に帰って所長に相談してみよう！

《事務所に戻ると、所長へ二人で報告した》

所　長：なるほど。
　　　　高低差のある宅地ではなく「市街地にある山林」のようだね。
　　　　それも、宅地への転用は難しい土地ということだね。

祐　子：はい。このような土地でも路線価で評価するとなると、かなりの評価額になってしまうんです。

西　田：なんとかなりませんかね？

祐　子：私も、これじゃ相続人の方に説明しづらいです。
　　　　「こんな売れない土地なのに、なんでこんなに高い評価なんだ？」って言われたら、返事に困ってしまいます。

所　長：二人とも、「財産評価基本通達」は知ってるよね？

西　田：もちろん知ってます。

祐　子：もしかして、市街地の山林の評価方法が書いてあるんです

|所　長|：ははは。もちろん！通達にはいろんな評価方法が記載されているんだよ。
「財産評価基本通達の49」を「ただし書き」以降に注意して読んでごらん。|
|西　田|：・・・なるほど〜。宅地への転用が認められなければ、純山林と同じ評価が出来るんですね！|

（冒頭）か？

解説

市街地山林とは、「市街地」にある「山林」ということになるので、一般的には「路線価地域にある山林」ということになります。

市街地にある山林の評価は、本当に専門家の頭を悩ませる事案です。図1や図2のように市街地に宅地と山林が混在しているケースです。

【図1】

【図2】

　頭を悩ませる最大の理由は、「通常の評価を行うと、山林の割に高額な評価額となってしまう」ことです。

　実情（時価）との差が大きくなってしまうことから、何らかの解決方法（評価の減価要因）を見出したいところですが、「財産評価基本通達49」の文面が理解しづらいことも、その原因かもしれません。

　この通達の中には、下記の3種類の評価方法が書かれていると考えると理解がしやすいと思われます。

【3種類の評価方法（簡記）】

1　宅地比準（原則。前段に記載された部分）
　　〔宅地であるとした場合の1㎡あたりの価額－造成費等〕×地積
　　＝通常の路線価評価
2　倍率方式（例外。ただし書き部分）
　　固定資産税評価額×倍率

3．純山林比準(例外の例外。なお書き部分)
　　近傍純山林の㎡単価×倍率×地積

　まずは、1の「原則的評価」の検討を行います。
　頭を悩ませている評価ですから、この原則的評価を行っても時価相当額をはるかに上回っていることと思われますが、下記①～③などの検討の余地がないかを確認をします。
　①　がけ地補正はされているか？
　②　無道路地に該当していないか？
　③　広大地の対象とならないか？
などの評価の減額要素の再検討を行ったうえでも、時価相当額と乖離がある場合には、例外的な評価方法に移行することとなります。
　2の例外的規定である「倍率方式」は、同通達に「倍率を乗じて計算した金額によって評価することができる」と記載されていることから、いわゆる「できる規定」であることが分かります。
　路線価地域の土地ではありますが、この「できる規定」を使って倍率方式による評価を行ってください。
　3の「純山林比準方式」とは、具体的にどのように算出するのでしょうか？「近隣の純山林の価額に比準」とあることから、近隣の純山林の価額を求める必要があります。
　神奈川県の場合、横浜市や川崎市などの地域には、純山林がありません。
　では、この神奈川県内での「近隣の純山林の価額」はどの地域のものを使うべきか悩むこととなります。
　このような場合は、各管轄税務署に問い合わせを行ってください。
　神奈川県では、「厚木税務署管内の純山林の価額を用いて算出して差

し支えない」との回答がありました。

　過去の事例からみると、この「純山林比準方式」による評価の適用の場合には、時価相当額との乖離の少ない評価結果が導き出せた感じがします。

　どんな場面でもこの３の「純山林比準」により評価が可能であれば、頭を悩ませなくても済むのですが、例外中の例外ですので、「純山林比準」の適用にはいくつかのハードルを越える必要があります。

　まず最初に、同通達49なお書きに「その市街地山林について宅地への転用が見込めないと認められる場合」に「純山林比準方式」を使うとの記載があります。

　では、「宅地への転用が見込めない場合」とはどのような場合か。

　財産評価基本通達49注書２には「その市街地山林について宅地への転用が見込めないと認められる場合」とは、≪①その山林を本項本文によって評価した場合の価額が近隣の純山林の価額に比準して評価した価額を下回る場合≫、又は≪②その山林が急傾斜地等であるために宅地造成ができないと認められる場合≫と書かれています。

　この①又は②の条件をクリアできれば「純山林比準方式」により評価できることとなります。

　①は原則的評価である「宅地比準方式」で求めた評価額が例外中の例外である「純山林比方式」の価額を下回ればOKということですから、そもそも宅地比準を上回ることは考えにくいので、通常①はクリアしているはずです。

　問題は②です。「急傾斜地等であるために宅地造成ができない場合」の説明が、同通達49で、特に説明がされていません。

　国税庁のHPから路線価図や倍率表が確認できるのはご存知かと思います。

同HPには「その他の土地関係」という項目があり、その中に「宅地造成費の金額表」が掲載されていますが、その表1「平坦地の宅地造成費」には「整地費や土盛り費用が、1㎡あたりいくらであるのか」という内容が記載されています。

　表2「傾斜地の宅地造成費」には「傾斜度に応じた造成費」が記載されていますが、この表2の後部(留意事項)の(4)に、同通達49に説明のなかった「急傾斜地等であるために宅地造成ができない場合」についての説明があります。

　同留意事項(4)の3行目以降に「したがって、宅地であるとした場合の価額から宅地造成費に相当する金額を控除して評価した価額が、近隣の純山林に比準して評価した額を下回る場合には、経済合理性の観点から宅地への転用が見込めない市街地山林に該当するので、その市街地山林の価額は近隣の純山林に比準して評価することとなります。」と、説明されています。

　整理すると「宅地比準」が原則であるが、できる規定である「倍率方式」によって評価しても構わない。でも宅地造成費などを控除した評価額(宅地比準方式)より「純山林比準方式」の評価が低いのであれば、純山林比準で評価しなさい。と読みとれることになります。

　巡り巡って・・・この3つの計算をした上で一番評価が低くなるものを選択できることとなります。

　広大地の評価は難しいという声をよく耳にします。

　広大地評価も評価額が大きく下がりますが上記の市街地山林も広大地同等または広大地以上に評価が下がるケースがあります。

　市街地山林の評価に携わる場合には、上記評価の適用に向けて綿密な現地確認が必要となります。

　「神奈川県のおける宅地造成費の金額表」(国税庁HP)を掲載します

ので参考にして下さい。

財産評価基本通達　49（市街地山林の評価）

　市街地山林の価額は、その山林が宅地であるとした場合の1㎡当たりの価額から、その山林を宅地に転用する場合において通常必要と認められる1㎡当たりの造成費に相当する金額として、整地、土盛り又は土止めに要する費用の額がおおむね同一と認められる地域ごとに国税局長の定める金額を控除した金額に、その山林の地積を乗じて計算した金額によって評価する。

　ただし、その市街地山林の固定資産評価額に地価事情の類似する地域ごとにその地域にある山林の売買実例価額、精通者意見価格等を基として国税局長の定める倍率を乗じて計算した金額によって評価することができるものとし、その倍率が定められている地域にある市街地山林の価額は、その山林の固定資産税評価額にその倍率を乗じて計算した金額によって評価する。

　なお、その市街地山林について宅地へ転用が見込めないと認められる場合には、その山林の価額は近隣の純山林の価額に比準して評価する。
（注）
1　「その山林が宅地であるとした場合の1㎡当たりの価額」は、その付近にある宅地について11（（評価の方式））に定める方式によって評価した1㎡当たりの価額を基とし、その宅地とその山林との位置、形状等の条件の差を考慮して評価する。
2　「その市街地山林について宅地への転用が見込めないと認められる場合」とは、その山林を本項本文によって評価した場合の価額が近隣の純山林の価額に比準して評価した価額を下回る場合、又はその山林が急傾斜地等であるために宅地造成ができないと認められる場合をいう。

〈参考〉神奈川県における宅地造成費の金額表（国税庁HPより）

平成28年分（神奈川県）

宅地造成費の金額表

1　市街地農地等の評価に係る宅地造成費

　「市街地農地」、「市街地周辺農地」、「市街地山林」（注）及び「市街地原野」を評価する場合における宅地造成費の金額は、平坦地と傾斜地の区分によりそれぞれ次表に掲げる金額のとおりです。

(注)ゴルフ場用地と同様に評価することが相当と認められる遊園地等用地（市街化区域及びそれに近接する地域にある遊園地等に限ります。）を含みます。

表1　平坦地の宅地造成費

工事費目		造成区分	金額
整地費	整地費	整地を必要とする面積1平方メートル当たり	600円
	伐採・抜根費	伐採・抜根を必要とする面積1平方メートル当たり	600円
	地盤改良費	地盤改良を必要とする面積1平方メートル当たり	1,400円
土盛費		他から土砂を搬入して土盛りを必要とする場合の土盛り体積1立方メートル当たり	4,700円
土止費		土止めを必要とする場合の擁壁の面積1平方メートル当たり	55,500円

（留意事項）

(1) 「整地費」とは、①凹凸がある土地の地面を地ならしするための工事費又は②土盛工事を要する土地について、土盛工事をした後の地面を地ならしするための工事費をいいます。

(2) 「伐採・抜根費」とは、樹木が生育している土地について、樹木を伐採し、根等を除去するための工事費をいいます。したがって、整地工事によって樹木を除去できる場合には、造成費に本工事費を含めません。

(3) 「地盤改良費」とは、湿田など軟弱な表土で覆われた土地の宅地造

成に当たり、地盤を安定させるための工事費をいいます。
(4)「土盛費」とは、道路よりも低い位置にある土地について、宅地として利用できる高さ（原則として道路面）まで搬入した土砂で埋め立て、地上げする場合の工事費をいいます。
(5)「土止費」とは、道路よりも低い位置にある土地について、宅地として利用できる高さ（原則として道路面）まで地上げする場合に、土盛りした土砂の流出や崩壊を防止するために構築する擁壁工事費をいいます。

表2 傾斜地の宅地造成費

傾 斜 度	金 額
3度超 5度以下	10,600 円/㎡
5度超 10度以下	18,300 円/㎡
10度超 15度以下	25,300 円/㎡
15度超 20度以下	41,300 円/㎡

(留意事項)
(1)「傾斜地の宅地造成費」の金額は、整地費、土盛費、土止費の宅地造成に要するすべての費用を含めて算定したものです。
なお、この金額には、伐採・抜根費は含まれていないことから、伐採・抜根を要する土地については、「平坦地の宅地造成費」の「伐採・抜根費」の金額を基に算出し加算します。
(2) 傾斜度3度以下の土地については、「平坦地の宅地造成費」の額により計算します。
(3) 傾斜度については、原則として、測定する起点は評価する土地に最も近い道路面の高さとし、傾斜の頂点（最下点）は、評価する土地の頂点（最下点）が奥行距離の最も長い地点にあるものとして判定します。
(4) 宅地への転用が見込めないと認められる市街地山林については、近隣の純山林の価額に比準して評価する（財産評価基本通達 49（市街地山林の評価））こととしています。
したがって、宅地であるとした場合の価額から宅地造成費に相当する

金額を控除して評価した価額が、近隣の純山林に比準して評価した価額を下回る場合には、経済合理性の観点から宅地への転用が見込めない市街地山林に該当するので、その市街地山林の価額は、近隣の純山林に比準して評価することになります。

(注) 1　比準元となる具体的な純山林は、評価対象地の近隣の純山林、すなわち、評価対象地からみて距離的に最も近い場所に所在する純山林です。

2　宅地造成費に相当する金額が、その山林が宅地であるとした場合の価額の100分の50に相当する金額を超える場合であっても、上記の宅地造成費により算定します。

3　宅地比準方式により評価する市街地農地、市街地周辺農地及び市街地原野等についても、市街地山林と同様、経済合理性の観点から宅地への転用が見込めない場合には、宅地への転用が見込めない市街地山林の評価方法に準じて、その価額は、純農地又は純原野の価額により評価することになります。

なお、市街地周辺農地については、市街地農地であるとした場合の価額の100分の80に相当する金額によって評価する（財産評価基本通達39（市街地周辺農地の評価））ことになっていますが、これは、宅地転用が許可される地域の農地ではあるが、まだ現実に許可を受けていないことを考慮したものですので、純農地の価額に比準して評価する場合には、80％相当額に減額する必要はありません。

(参考) 市街地山林の評価額を図示すれば、次のとおりです。

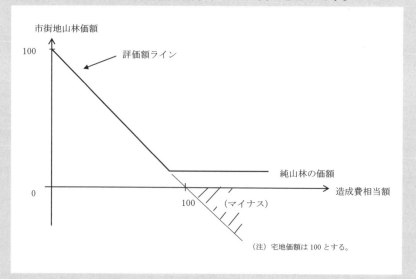

(参考) 高さと傾斜度との関係

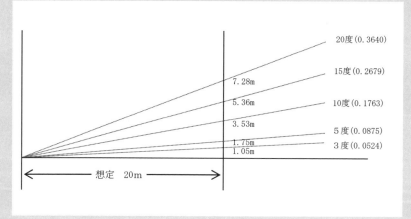

傾斜度区分の判定表

傾　斜　度	①高さ÷奥行	②奥行÷斜面の長さ
3度超5度以下	0.0524超0.0875以下	0.9962以上0.9986未満
5度超10度以下	0.0875超0.1763以下	0.9848以上0.9962未満
10度超15度以下	0.1763超0.2679以下	0.9659以上0.9848未満
15度超20度以下	0.2679超0.3640以下	0.9397以上0.9659未満

(注)①及び②の数値は三角比によります。

〔平坦地の宅地造成費の計算例〕

○規模、形状

面積「400㎡」、一面が道路に面した間口20ｍ、奥行20ｍの土盛り1ｍを必要とする画地で、道路面を除いた三面について土止めを必要とする正方形の土地である場合

(略図)

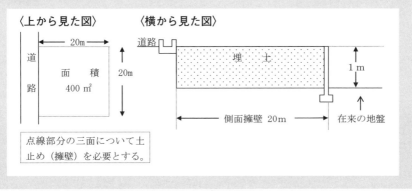

○宅地造成費の計算

宅地造成費の計算	平坦地	整地費	整地費	(整地を要する面積) 400 ㎡ ×	(1㎡当たりの整地費) 600 円	⑥	円 240,000
			伐採・抜根費	(伐採・抜根を要する面積) ㎡ ×	(1㎡当たりの伐採・抜根費) 円	⑦	円
			地盤改良費	(地盤改良を要する面積) ㎡ ×	(1㎡当たりの地盤改良費) 円	⑧	円
		土盛費		(土盛りを要する面積) (平均の高さ) 400 ㎡ × 1 m ×	(1㎡当たりの土盛費) 4,700 円	⑨	円 1,880,000
		土止費		(擁壁面の長さ) (平均の高さ) 60 m × 1 m ×	(1㎡当たりの土止費) 55,500 円	⑩	円 3,330,000
		合計額の計算		⑥ + ⑦ + ⑧ + ⑨ + ⑩		⑪	円 5,450,000
		1㎡当たりの計算		⑪ ÷ ①		⑫	円 13,625
	傾斜地	傾斜度に係る造成費		(傾斜度)　度		⑬	円
		伐採・抜根費		(伐採・抜根を要する面積) ㎡ ×	(1㎡当たりの伐採・抜根費) 円	⑭	円
		1㎡当たりの計算		⑬ + (⑭ ÷ ①)		⑮	円

〔傾斜地の宅地造成費の計算例〕

○規模、形状

　道路の地表に対し傾斜度9度の土地

　面積「480㎡」、全面積について伐採・抜根を要する場合

(略図)

○宅地造成費の計算

宅地造成費の計算	平坦地	整地費	整地費	(整地を要する面積)　　　　(1㎡当たりの整地費) 　　　　㎡ × 　　　　　円	⑥　　　　円
			伐採・抜根費	(伐採・抜根を要する面積)　(1㎡当たりの伐採・抜根費) 　　　　㎡ × 　　　　　円	⑦　　　　円
			地盤改良費	(地盤改良を要する面積)　(1㎡当たりの地盤改良費) 　　　　㎡ × 　　　　　円	⑧　　　　円
		土盛費		(土盛りを要する面積)(平均の高さ)(1㎡当たりの土盛費) 　　　㎡ × 　　m × 　　円	⑨　　　　円
		土止費		(擁壁面の長さ)(平均の高さ)(1㎡当たりの土止費) 　　　m × 　　m × 　　円	⑩　　　　円
		合計額の計算		⑥ + ⑦ + ⑧ + ⑨ + ⑩	⑪　　　　円
		1㎡当たりの計算		⑪ ÷ ①	⑫　　　　円
	傾斜地	傾斜度に係る造成費		(傾斜度)　9 度	⑬　　　　円 18,300
		伐採・抜根費		(伐採・抜根を要する面積)　(1㎡当たりの伐採・抜根費) 　480 ㎡ × 　600 円	⑭　　　　円 288,000
		1㎡当たりの計算		⑬ + (⑭ ÷ ①)	⑮　　　　円 18,900

【著者紹介】

吉野　広之進（よしの　こうのしん）

〔略歴〕

昭和57年　東京国税局総務部総務課　入局
　以後、東京国税局管内各税務署にて主に相続税・贈与税・譲渡所得税の税務調査を財務事務官（特別国税調査官付き資産税担当　上席国税調査官）として担当

平成17年退官後、税理士事務所を開業

平成25年8月　税理士法人オフィスオハナ　設立
　　　　　　　小田原市国府津を本店、平塚駅前に支店を開設

平成26年1月　小田原市本町を支店開設

平成28年11月　大和市中央林間駅前に支店を開設
　現在、4事務所の代表社員税理士

〔事務所概要〕

税理士法人　オフィスオハナ
　代表税理士　吉野　広之進
神奈川県小田原市国府津2329-5　TEL：0465-49-6119
http://office-ohana.jp

　（平塚事務所）
　神奈川県平塚市代官町1-5　YKビル3階　TEL：0463-79-8855

　（中央林間支店）
　神奈川県大和市中央林間3-12-14　アロハビル4階　TEL：046-240-7811

　（小田原支店）
　神奈川県小田原市本町4-8-9　TEL：0465-22-6393

〔執筆協力〕

吉野　麻季（税理士法人オフィスオハナ）
吉武　ゆきの（税理士法人オフィスオハナ）
髙橋　健太郎（税理士法人オフィスオハナ）

本書の内容に関するご質問は、ファクシミリ等、文書で編集部宛にお願いいたします。(fax 03-6777-3483)
なお、個別のご相談は受け付けておりません。

本書刊行後に追加・修正事項がある場合は、随時、当社のホームページ
(https://www.zeiken.co.jp)にてお知らせいたします。

土地評価に係る現地調査の重要ポイント

平成28年11月30日　初版第一刷発行
平成29年5月25日　初版第二刷発行
平成29年10月25日　初版第三刷発行

（著者承認検印省略）

Ⓒ　著　者　吉　野　広　之　進

発行所　税　務　研　究　会　出　版　局

週刊「税務通信」「経営財務」発行所

代表者　山　根　　毅

郵便番号 100-0005
東京都千代田区丸の内 1-8-2 鉄鋼ビルディング
振替 00160-3-76223
電話〔書 籍 編 集〕03（6777）3463
　　〔書 店 専 用〕03（6777）3466
　　〔書 籍 注 文〕
　　〔お客さまサービスセンター〕03（6777）3450

各事業所　電話番号一覧

北海道 011(221)8348　　中　部 052(261)0381　　九　州 092(721)0644
東　北 022(222)3858　　関　西 06(6943)2251　　神奈川 045(263)2822
関　信 048(647)5544　　中　国 082(243)3720

＜税研ホームページ＞　https://www.zeiken.co.jp

乱丁・落丁の場合は、お取替え致します。　　印刷・製本　東日本印刷株式会社

ISBN 978-4-7931-2224-8

資産税関係

《2017年8月1日現在》

〔2017年度版〕
一目でわかる 小規模宅地特例100

赤坂 光則 著／B5判／488頁

定価 2,808円

特例の適用形態を体系的に整理し、イラストを織り込み、辞書をひく要領で適用状況がわかるよう編集した好評書です。2017年度版では所要の改正を織り込んだほか、寄せられた質問等をもとに4つの事例を追加し、54事例としました。

2017年7月刊

土地評価に係る
現地調査の重要ポイント

吉野 広之進 著／A5判／228頁

定価 2,268円

「土地の現地確認」に焦点をあて、土地評価の方法等について、わかりやすく解説しています。現地調査に行って判明した事項を27例集め、それぞれ会話文と解説という形で構成しました。これから土地評価に携わる方には最適な書籍となっています。

2016年11月刊

実践 土地の有効活用
所法58条の交換・共有地の解消(分割)・
立体買換えに係る実務とQ&A

松本 好正 著／A5判／484頁

定価 4,320円

土地の有効活用において欠かせない手段である「固定資産の交換」「共有地の解消」及び「立体買換え」の実務と、それに係る課税関係についてわかりやすく解説し、91問のQ&Aを織り込んでいます。

2016年10月刊

都市近郊農家・地主の
相続税・贈与税

清田 幸弘 編著／下﨑 寛・妹尾 芳郎・永瀬 寿子 共著
A5判／186頁

定価 1,944円

相続税・贈与税の基本、生産緑地制度・農地の納税猶予の特例の取扱いや、土地などの相続財産の評価方法、納税方法についてQ&A形式で解説。これまで以上に相続税・贈与税の対策が必要になってきている都市近郊農家・地主の方々におすすめの一冊です。

2016年3月刊

税務研究会出版局 https://www.zeiken.co.jp

定価は8%の消費税込みの表示となっております。

週刊「税務通信」
～実務家の皆様のあらゆるニーズにお答えする～

contents

ニュース
税制改正から税務調査の動向まで税務に関する主要なニュースの全速報。

解 説
改正法令・通達について担当官がわかりやすく解説。

法令・通達・資料
税制改正の大綱、法律案をはじめ税務当局や各種団体の公表資料を随時掲載。

ショウ・ウィンドウ
実務上判断に迷いやすい税金実務のポイントを紹介。

週刊「税務通信」
- 年間購読料 38,880円（税込・送料込・前払制）
- B5判 32頁（増ページ有り） ■ 毎週月曜日発行 ■ 綴じ込み台紙付き(半年毎)

特別附録・「法人税申告書の実務」・「法人税便覧」・「国税局別税務職員録」

インターネット版も選べます！

探したい記事をすばやく検索！
週刊「税務通信」インターネット版
税務通信データベース

検索機能／バックナンバー5年超収録／
法令・通達リンク

- 年間利用料（税務通信データベース単体契約）
  38,880円（税込・前払制）
- 年間購読利用料（週刊「税務通信」とセット契約）
  51,840円（税込・前払制）

●充実のコンテンツ
2001年4月2日号（No.2667）から最新号までの掲載記事を全文収録！

法令・通達集データ…71本
改正を随時反映、最新の内容に更新、新旧対照表も収録

※価格は平成29年4月1日現在の金額です。

株式会社 税務研究会　　https://www.zeiken.co.jp